GELD DENKT NICHT

[德]汉诺・贝克(Hanno Beck)— 著　　张利华 — 译

逆向投资心理学

Wie wir in Gelddingen einen klaren Kopf behalten

提高投资收益
从战胜心理误区
控制情绪波动开始

中国经济出版社
CHINA ECONOMIC PUBLISHING HOUSE

北京市版权局著作权合同登记号：图字 01-2020-0772 号

图书在版编目（CIP）数据

逆向投资心理学 /（德）汉诺·贝克（Hanno Beck）著；张利华译．—北京：中国经济出版社，2020.3
ISBN 978-7-5136-5480-7

Ⅰ. ①逆… Ⅱ. ①汉… ②张… Ⅲ. ①投资-经济心理学 Ⅳ. ① F830.59

中国版本图书馆 CIP 数据核字（2020）第 025877 号

作　　者：[德] 汉诺·贝克（Hanno Beck）
译　　者：张利华
策　　划：中资海派
执行策划：黄　河　　桂　林
责任编辑：耿　园
特约编辑：张　帝　　羊桓汶辛
责任印制：胡小瑜
封面设计：安宁书装
出版发行：中国经济出版社
印 刷 者：深圳市雅佳图印刷有限公司
经 销 者：各地新华书店
开　　本：787mm × 1092mm　1 / 16
印　　张：16
字　　数：214 千字
版　　次：2020 年 3 月　第 1 版
印　　次：2021 年 9 月　第 3 次
定　　价：59.80 元
广告经营许可证　京西工商广字第 8179 号

中国经济出版社 **网址** www.economyph.com **社址** 北京市东城区安定门外大街 58 号 **邮编** 100011
本版图书如存在印装质量问题，请与本社发行中心联系调换（联系电话：010-57512564）

推荐序

李大霄
英大证券首席经济学家

投资心理学，你的财富指南针

世事洞明皆学问，而在汗牛充栋的投资类图书中，对投资者来说最陌生却也最亟须的，可能就是投资心理学方面的图书。从网上的讨价还价，到现实中的投资选择，都需要我们更透彻地理解人类的投资心理，以便作出更好的投资决策。而你现在翻开的，就是一本关于投资心理的好书。

《逆向投资心理学》是德国著名经济学家汉诺·贝克博士的重磅作品，问世之后好评如潮，更获得了当年的“德国年度最佳财经图书奖”。

在本书中，贝克博士向读者介绍了盲从、损失厌恶、相对性效应、锚定效应和框架效应等投资心理误区，并给出了克服这些误区的可行方法，更提出了三条适用于所有人投资建议：尽早投资、长期投资、分散投资，帮助读者在资本市场上实现自己的财富梦想。

如果我问你，男性和女性谁的投资收益更高，你将如何回答？

书中有这样一个有趣的案例。

一般来说，男性比女性更自信。而在投资市场上，自信程度更高的人，会更频繁地进行交易。这一点可以从统计数字中得到证明。

研究者研究了 35 000 户家庭的投资态度，并且严格地按照性别进行分类。结论非常明确：男性比女性更频繁地购买和出售股票。女性每年平均更换约 50% 的资产组合，男性更换资产组合的比例则高于 75%。而资产的价值增值不足以弥补交易所产生的成本。因此，交易越多，成本越高，收益就越少。因为男性比女性交易得多，所以他们的收益就比女性少。

此外，男女两性的投资动机并不相同。民意调查显示，对女性来说，经济独立是更重要的投资动机。女性往往侧重于长期规划，而这要求她们远离频繁买进卖出的投资策略。因此，投资策略的选择不仅关乎性别，更关乎人生选择。

相信所有投资者看过这个案例后都会有所感悟，并会相应地调整自己的投资策略。而这样有趣又有用的案例，书中至少还有几十个。比如：人们为何会卖掉赢利的股票，反而保留亏损的？为什么要在大牛市时购买保本产品？排名第一的基金能买吗？

看到这些问题后，你更想翻开这本书一探究竟了吧？《逆向投资心理学》就是这样一本好书，让你在拍案叫绝的同时收获满满的投资心理学干货，帮你识破投资道路上的种种心理陷阱，成为更聪明的投资者，得到属于你的财富！

自序

洞悉投资心理，快速开启你的财务自由之路

1998 年 10 月 1 日，作为财经记者，我第一天到德国一家著名报社上班。我的办公室位于证券之都法兰克福市繁忙的中心区，周边是各大银行的玻璃幕墙大楼。开始新工作后，我的第一个任务是撰写“市场报道”，就是简短报道当天股市发生了什么事情、股价发生了什么波动等情况。为此，我经常给各大银行的交易员打电话，询问他们刚刚在股市遇到了什么事情。

凭着之前积累的汇率理论、利率模型、资本市场学说和实践经验，我全身心地投入了工作。有些经济学家认为，这些理论和学说能够解释股价为什么总是波动。第一天，一切看起来都很顺利。我“逮住”了一位交易员，他向我解释了为什么会预测德国股票市场当天下行，因为坚挺的欧元给德国股市带来了麻烦。这种解释完全符合我在大学被灌输的汇率理论，显得既缜密又有条理。我记下了这位交易员的评论，并补充丰富了一些个股的价格数据。我的第一篇股市报道就此新鲜出炉。

第二天的情形让我猛然醒悟。我又拨通了另一位交易员的电话，让他给我解释为什么今天德国股市大盘指数上涨。然后就出现了惊人的一幕：电话另一头的交易员解释说，今天德国股市整体上扬，是因为欧元

太强势了。什么？前一天德国的股票还因为强势欧元而下跌，当天它怎么又由于强势欧元而上涨了呢？！

令人困惑的地方恰恰在于，这位交易员的解释绝对合理，这些解释跟其他理论毫不矛盾。而这些理论早就存在于我从大学搬到编辑部办公室的那些书籍中。我顿时明白了，资本市场学说中有些东西不太对劲。嘿，法兰克福，我们有问题了。

我很快就适应了资本市场上这种司空见惯的不一致。在资本市场中，什么事情都可能发生，或者说，什么事情都是可以理解和有据可循的。我每天同基金经理、资产管理人、银行总裁、资本市场专家、记者、首席经济学家以及企业总裁碰面。他们是一群聪明、智慧和富有经验的人。他们总会给我讲述一个个似是而非、貌似合理的故事。

两个都具说服力的故事之间相互矛盾是常有之事。我还时常碰到一些明智的观点在事后被证实是“假黄金”的情况：在找黄金时，人们会碰到各种各样的黄色金属，并错误地认为这是黄金，它们实际上是一些一文不值的东西，而人们往往觉察得太晚了。

我每天与专家、交易员、分析员或者总裁碰面，并与这些聪明的人交换想法和意见。作为记者，我享有这种特权。我渐渐明白了**资本市场更像是一个游戏场。在这里，人们可以测试各种经济学理论。这里发生的很多事情并不符合古典经济学的解释，却包含人的因素，而且是太多人的因素。**

以我的亲身经历来看，我也非常关注人的因素。我越是深入地研究资本市场和投资理论，就越发肯定自己从未照搬教科书来处理事情。尽管我写的股市报道都符合教科书的基本原理，但我的投资行为却并不总是与教科书相一致。尴尬，这实在是太尴尬了。

同样和教科书不符的是我近距离目睹的、发生在千年之交的事件。法兰克福的街道仿佛撒满了黄金。在网络交易商那里注册的每一个人都可以捡到黄金，并由此致富。许多自封的或被媒体高调吹捧的股市投资大师游走在法兰克福，讲述着永久富裕和新经济学的童话。股价狂飙，现实世界距离天堂越来越近。投资者、公司、银行和媒体都扬起双手将金钱撒向窗外，坚信它们会从大门成倍涌入。

出于好奇，也是为了寻求答案，我越来越多地开始研究行为经济学。这是经济学的一门新兴分支学科，它试图将心理学知识和经济学理论结合在一起。在此期间，行为经济学家也曾被授予诺贝尔经济学奖。行为金融学又是该领域的另一个重要子分支。行为金融学试图将心理学的一些构想运用到资本市场的现象上。顿时，我看透了在法兰克福工作期间遇到的诸多现象，之前很多紧闭的门终于被打开了。

这种观点是简单而强大的：不同于媒体强加给我们的认识，资本市场不是一个独立体，而是人类行为的总和。如果人类犯错误、以奇怪的方式行动，那么，资本市场也会表现得非常诡异。无论是金融危机中歇斯底里的大众或被欺骗的投资者，还是资本市场中的骗局或错误的投资，这一切通常都源于市场参与者大起大落的决策心理。

现在，我们一起用稍稍不同的眼光来观察资本市场。本书所要研究的不是如何寻找最好的股票或最便宜的网络交易商，不是如何构建投资组合或说明期货权证是如何起作用的，这类书籍已经很多了。本书论及的是资本市场的另一面，即买进或卖出股票的那些人以及横亘在致富路上的各种绊脚石。

股市中为什么会出现跟风现象？

面对巨额亏损，为什么我们未能及时止损？

为什么我们在错误的投资之上还要追加投资？

在本书中，我们将对以上以及其他相关问题进行深入探讨，并在此过程中加深对自我的认识。这并不意味着我们能自动成为理性的投资者，或者说更聪明的人。但如果我们能够认识到自身错误，那我们至少得到了改正的机会。即使我们未能改正它，也能获得一种洞察力以审视自身弱点，仅这一点就是一件非常有趣的事。

让我们以一个不是十分有趣，反而非常可怕的事件开始吧，一场发生在圭亚那丛林的集体自杀事件。

目录

第1章 盲从

第2章 随机性

第 3 章 损失厌恶

卖掉赢利的投资，保留亏损的投资，对损失的恐惧使我们至少损失了 4.4% 的利润？为什么说保本型产品的最佳购买时机是股价冲天时而不是股价下跌时？

第 4 章 相对性效应

一级方程式赛车手迈克尔·舒马赫特意从瑞士开车到德国去购买便宜的果酱。正是因为重视每一笔钱的绝对价值，才成就了这位“吝啬的百万富翁”。

第 5 章　锚定效应和框架效应

某生物股现价仅 250 欧元，但被公开推荐为“价值 1000 欧元”后，真的会涨到 1000 欧元。锚定效应的威力有多大？

第 6 章　心理账户

两次奥斯卡奖得主达斯汀·霍夫曼明明有钱用来买书和娱乐，为什么还要向朋友借钱买食物？下雨天不容易打到出租车，是因为司机提早关闭了“当天收入”的心理账户？

新可口可乐在上市前的盲测中取得了很好的成绩，上市后却遭到客户的强烈抗议而从货架上消失。“惯性谬误”如何让为保持现状而不作为的人们付出昂贵的机会成本？

为什么牛市时男性的业绩更好，熊市时女性的成效更显著？为什么当对手是一位傻瓜或白痴时，人们下赌注的频率就会加大？

忠于别克和奔驰品牌的老客户比第一次买车的新客户大约分别平均多支付1000美元和7500美元。因为相信它值这个钱，所以愿意多付钱。证实偏见如何偷走我们的金钱？

哈里·马科维茨提出"分散化投资组合"的投资策略，并因此获得了诺贝尔经济学奖，但他自己投资时根本不遵循这套办法。难道这位伟大学者在骗人？

对于“看守人”型银行客户，应该唤起他的恐惧；对于“美食家”，应该激发他对于享受的幻想；对于“表演者”，应该用“顶级客户”这样的关键词引诱……“精神市场营销”如何让我们乖乖掏出钱包？

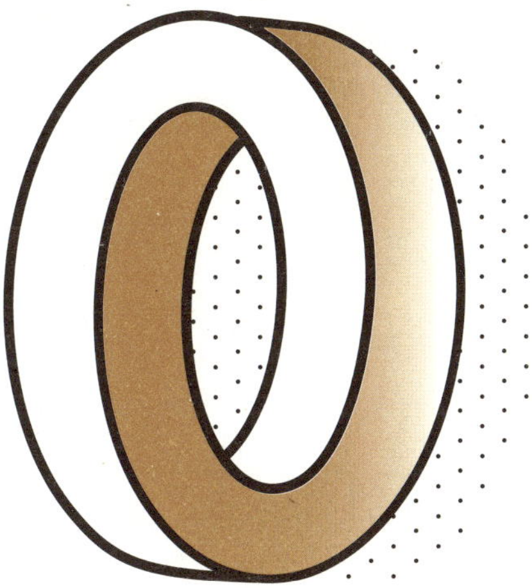

GELD DENKT NICHT

第 1 章　盲从

人们为何争相跳进股市的陷阱？

那些又硬又冷的“黑面包”，那些枯燥乏味的价值型股票帮助其持有者顺利度过了股市危机。在短短不到 5 年的时间里，当年的傻瓜变成了今天的英雄。

40 多年来，巴菲特一直住在远离尘嚣的奥马哈小镇，而不是繁荣的华尔街，正是这一点成就了他的财富传奇。

大谈炒股诀窍的擦鞋男童、在股市投机的保姆、借钱购买股票并且把所有家产押在股市上的父亲……是什么让他们喝下“股市的致命混合剂”？

“集体妄想症”引发的丛林悲剧

1978年11月8日，南美洲发生了近代文明史上最大规模的集体自杀事件。人民圣殿教信徒逃亡到南美丛林国家圭亚那，他们的教主詹姆斯·沃伦·琼斯命令900多名成员喝下用氰化钾、镇静剂和柠檬水混合配制而成的致命饮料。有些父母用一次性注射器把毒液注射到婴儿和儿童的嘴中。琼斯通过麦克风向教徒宣布：“我们在另一个世界会面的时机到来了。”众教徒应声附和。

同其他悲剧和灾难一样，这个悲剧也有一段很长的前史。琼斯是三K党成员的儿子，也是一个很有号召力的领导者。他给予众多失业者，贫穷者，吸毒者和对生活、国家以及现代社会失望的厌世者以依靠，并许诺给他们一个完全不同的新世界。那里没有种族主义，没有资本主义，也没有剥削和歧视。但当脱逃者举报了教会中体罚、电击、勒索、过量吸毒以及性虐待妇女儿童等情况后，琼斯带领教徒从美国加利福尼亚州逃亡到南美洲，潜入圭亚那丛林。

1978年11月，民主党众议员莱恩与一个由记者、前教徒和律师组成的访问团来到圭亚那。就在这时，悲剧发生了。当莱恩同20名想脱离琼斯的教徒准备乘飞机离开时，机场上响起一阵枪声。莱恩议员、3名记者和1名前教徒当场死亡，另有10人受伤，其中5人伤势严重。

对普通人来说，这起事件显得异乎寻常。900 多人怎么会跟随一个不可靠的领导者走向可怕的死亡呢？身为父母，他们怎么能亲手毒死自己的孩子呢？他们怎么能眼睁睁地看着朋友一一死去呢？怎么能让这么多人陷入集体幻觉呢？

纵览人类历史，类似的现象比比皆是。**如果一群人受到集体幻想的侵袭，他们就会被一种思想、一个领袖、一个神灵或者一种说法驱使，还会受到其他人行为的传染，像鸭子一样朝着一个方向跑去。**我们多少都知道一些这类人的故事，他们试图对抗乌合之众，他们的所思所言所行都不同于大众。今天，根据出发点的不同，他们要么被嘲为傻瓜，要么被尊为英雄。

这种盲目的从众效应无处不在。是傻瓜还是英雄？短短几年间，人们的看法就会大相径庭。2000 年，全世界投资者都热衷于科技股，这类股票赢利飞涨，投资者大都能轻松收获 10%、20%，甚至 50% 的回报。证券研究机构、银行和券商竞相兜售各种耸人听闻的炒股方法。发财好像只是时间问题。这个时候，在金融业或者相关行业上班的人肯定会觉得街道都是用黄金铺就的。值得欣喜的股价、法兰克福金融区的盛大酒会、介绍科技发展新里程碑的新闻发布会、公司总裁兜售惊人赢利预测的电话会议……这就是 2000 年的法兰克福。

这一年，我遇到了美国一家规模较大的资产管理公司的基金经理汉克，他正在法兰克福拜访客户。汉克时刻想让客户的资产增值。汉克是一位非常特别的投资人，他是价值投资者。价值投资者是一类特殊的投资专家，只投资于特定类型的企业，即所谓的“价值型公司”。简单地说，价值型公司指拥有可靠的资产、良好的经营数据、较高的估值以及可持续的和稳固的经营模式的公司。价值型公司有点儿像金融市场上的“黑面包”：扎实、可靠、难以消化又毫无趣味。如果有人参加价值型公司的新闻发布会，得到的只会是数据以及如同饼干一样枯燥无味的演讲，还会被赠予一支圆珠笔和一本厚厚的、印有公司标志和难懂的经营报告的笔记本。

这是一场实力悬殊的较量。一边是耀眼的互联网股和高科技股，它们的年轻总裁衣着随意，不打领带，在各种杂志上发表诙谐的访谈使自己熠熠生辉；另一边是价值型公司，它们生产一些非常无聊的东西，如电力或柠檬水等，它们的总裁大部分都是头发花白的老人，不会使用外语，也不会谈论网络，只会同交谈者畅谈枯燥的数据和资产负债表。最糟糕的是，当科技股股价不断地刷新纪录时，价值型公司依然波澜不惊。当然，投资价值型公司也能获得不错的赢利，比如3%、5%，甚至8%。但这怎么能跟新经济的赢利相提并论呢？这些新经济的股市之星的赢利可能高达20%、30%，甚至90%。

股市乱象：昨日傻瓜，今日英雄

“人们都认为我是个傻瓜。”当汉克在法兰克福一家饭店的大堂落座后，他这样抱怨。汉克有些像典型的得克萨斯人：高大、结实、有着大嗓门和夸张的手势，不打正式的领带，只是在脖子上挂了一条博拉领带（用一枚装饰性胸针扣在一起的编制皮革）。得克萨斯人不戴领带，但汉克遇到的问题可不是有没有戴领带。这是在2000年，高科技股和互联网股的价格暴涨。可是，这些都不是汉克要投资的股票，也就是说不是价值型股票。而汉克的客户蜂拥而至，争相说服他。

汉克说：“他们给我打电话、写邮件，告诉我应该投资高科技股。如果我告诉他们，我认为这纯属胡闹或者是地地道道的骗局，他们就会变得粗鲁无礼并解除合同。”在客户眼里，汉克是一个十足的傻瓜。如果有人像汉克一样建议客户投资价值型股票，他们就不得不听到这样的抱怨：“我们希望投资于未来而不是过去。”

大概 5 年后，我又与汉克在法兰克福一家饭店的大堂相遇。他看起来轻松多了，情绪也明显比以前好了。新经济泡沫破灭了，许多曾被极力推崇的股票被摘牌，给投资者带来了 90%、95%，甚至 100% 的损失。汉克的业绩比以往任何时候都要好。他的那些枯燥的价值型股票，那些所谓的“黑面包”顺利地度过了危机。他的客户喜爱他，这个“傻瓜”一下子被证明是一个有远见又坚强的男子汉。在短短不到 5 年的时间里，傻瓜变成了英雄。

“要是换成别人可能就生存不下来了。”汉克若有所思地说。他说得有道理。他的信誉、长年积累下来的经验和作为一个业绩优秀的投资人的声望拯救了他。因此，他比其他预计到新经济危机的人要更幸运一些。

如果一位投资者不是很有名，也没有投资专家的声望，还没有投资新经济的话，他就会被认为是一个蠢货，他的客户就会撤销委托。这就如同一个集体妄想。不投资科技股，不想挣 20%、30%，甚至 90% 的利润的人就是一个没有扣住时代脉搏的傻瓜。一群渴望成为百万富翁的乌合之众出发了，每个不想加入的人都有被裹胁其中的危险。只有当出现烧钱清单时，这些随大流的乌合之众才终于消停了。在这些烧钱清单中，像《巴伦周刊》这样的杂志会测算高科技公司通过不可靠的业务模式以怎样的速度来烧钱。但实际上，这些随大流的乌合之众并没有就此止步，而是恐慌性地转变了方向，股市价格也随之下挫。

现在回过头来看，当时的英雄都像是傻瓜。有人真正相信 20%、50%，甚至 90% 的利润能够长期持续吗？难道没有人预见到这是不可能实现的吗？然而对于那些认为汉克和他的同事是傻瓜的人，对于那些加入了乌合之众的人来说，这样做似乎也情有可原。首先，如果人们回望的话，他们的预测能力总是特别强。事后诸葛亮总是比较容易当。这个效应是如此重要，我们准备在随后章节进行详细讨论。

然而，接下来的这一点就把我们带回到了琼斯和邪教的话题。人们能够逃脱群体的压力吗？人们能够轻易逆潮流而动吗？如果人们在2000年摆脱财富、浮华和似是而非的股市故事的诱惑，情况又会是怎样呢？是什么促使人们甘愿放弃稳定职业，到股市里投机呢？是什么使得有些成年人带着满满一箱现金来到一家投资公司的大厅，并找到经理，请他收下这些钱用于投资呢（根据一位基金经理的叙述）？为什么很多教师辞职到股市投机呢？难道这都是一些轻易就会被简单的思想所打动和激发的头脑吗？

如果有人认识亚历山大的话，那他就会放弃这种想法，也不会认为这只是几个头脑简单的傻瓜在寻找“假黄金”。在新经济鼎盛时期，亚历山大是一位财富管理经理，替客户购买股票。他曾是一位点石成金的英雄。对于新兴起的软件公司、在线零售商、B2B、B2C或B2X等业务模式，亚历山大对它们的情况、数据和资料了如指掌。亚历山大很有热情和感染力，他会用柔和的声音、明亮的眼神和简洁的手势流利地讲述新经济的各项规则。

亚历山大是一个固执，且受过良好的教育的人。“我把自有资金也投到我为客户购买的股票上了。”在2000年，他非常愿意这样跟别人叙述。原则上说，这对客户是一件好事，因为他们会认为，亚历山大对这些他也投资其中的股票的热情是真的。反过来说，如果有人用你的钱购买了他不看好的股票，你还会把钱托付给他吗？

如果新经济的先驱者稍稍留意一下历史书籍的话，也许他们就会更加小心。因为“新经济”这个概念并不是2000年的新生儿，而是20世纪的产物。作为新的科学技术，铁路、汽车和无线电把人类带入一个黄金时代。在这个时期，我们可以看到和2000年一样的场景：提供炒股诀窍的擦鞋男童、在股市投机的女佣、借钱购买股票并且把所有家庭财产押在股票上的父亲。

当股市大崩溃来临时，交易大厅里就会上演一幕幕戏剧性的场景：1929 年 10 月 24 日，股市开启了一场历史性的下跌。经济史学家约翰·肯尼斯·加尔布雷思这样写道："10:30，股市被盲目的、绝望的恐惧气氛所笼罩。"在接下来的几天里，股市波浪起伏。10 月 29 日应该作为纽约股票交易最黑暗的一天而被载入史册。

在最初开始交易的几分钟里，有的股票每 10 秒钟就下跌 1 美元。恐慌弥漫开来。报童分发着报纸，大标题是《阅读并痛哭吧》。跟风的乌合之众骚动着，想要比其他人更早找到出路。抛售，抛售，只有抛售。这一天，股市行情自动记录机的最后一笔记录定格在 17:30："今天的交易总额为 1 641 万股。晚安！"美国股市的这场下跌持续了近 3 年。随着股市崩溃，美国经济一泻千里，其他国家也一并跌入深渊。

这些场景也不是什么新鲜事。1636—1637 年，荷兰暴发了郁金香泡沫。一块郁金香球茎的价格几乎与一套房子相等。根据传闻，是交易所中一块郁金香球茎的拥有者把一个球茎放在桌子上，而一名不知其价值的水手吃掉了它，导致了泡沫的破灭。有些报告相对比较真实，报道称在一场郁金香球茎的拍卖会上没有任何买主。这就好像是一场大众的歇斯底里。

郁金香泡沫破灭后，荷兰陷入了衰退的深渊。"这是上帝对大众的贪婪和愚昧的惩罚。"贫穷的郁金香投机者在教堂中听到了这样的评论。类似的恐慌场景同样出现在 1987 年 10 月 19 日，道琼斯指数在一天之内下挫了 20%，造成世界范围的股市动荡。而这一天也被称为"黑色星期一"。

是怎样的一种罕见机制使得理智的人们毫无头脑地将钱投入不可靠的股票，然后又恐慌地将其抛售？这些造成巨额价值蒸发的大众活动的分镜剧本是怎样的？为什么我们会随大流？到底是什么机制在这里起作用呢？

股灾机制：自负、贪婪和一厢情愿

资本市场动荡的场景没有统一的脚本，但却有许多共同之处。第一个共同之处就是，中央银行通过降低利率和货币宽松政策为蓬勃发展的经济提供燃料，通常伴有技术革新，比如铁路、汽车、无线电和互联网等。这一切都能提高本国生产力、降低失业率、维持低水平的物价，并创造经济增长。在整个过程中，可能还会出现本国竞争力增强（比如自由化和全球化）或者原料价格下降，促使通货膨胀保持在一个较低水平上。

在经济蓬勃发展的大环境下，加上过于宽裕的货币数量，人们都会乐于投资。至于是投资股票，还是投资房产或者郁金香球茎，在这时都不重要了。在这里起决定作用的不如说是各种心理上的“配料”：一个貌似合理的故事加上嫉妒。

投资者当然需要一个貌似合理的故事。人们在故事里思考，在故事里生活。互联网改变了世界，创造了幸福，所以这类企业的股价肯定会上升。或者是另外一个版本：如果投资者投资于美国的抵押债券，借助“金融炼金术士”的聪明才智，他们就能够提高收益率，而不用承受高风险。这些故事听起来很有道理，最重要的是，这些都是投资者喜欢听到的故事：不用费力就能发财；生活会变得更好；更少工作，更多收入。谁不愿意听到这些东西呢？因为我们想要它，所以我们相信这些故事。

对这些故事来说，重要的是听起来合情合理，而不必确有其事，这类故事经常是经不起仔细推敲的。实际上，无论是 1929 年，还是 2000 年，人们都应该知道股价是不可能涨到天上的；在 2007 年，人们也应该知道，以较小的风险获取较高的收益是违背资本市场基本原理的，更高的货币收益总是伴随着更大的风险。但在过热的经济环境中，这样的不同意见是不起作用的。如果一个投资者像汉克那样问得太多，他就会被贴上“傻瓜”的标签。请不要反对随大流的乌合之众。请不要当傻瓜。

滋生的土壤已经具备，股价或者房价已经开始上升了。现在，通往股市崩盘之路的第二个心理助推器登场了：嫉妒。第一批投资者获利了。这会到处流传。越来越多的投资者看到了机会，可以用很少的努力迅速致富。在传媒时代，媒体有一个放大效应。它们通过报道巨额利润把还没有参与投资的人吸引到市场上来，这又进一步推高了股价。

你可以把它称为贪婪、嫉妒或者一厢情愿。各种轻松赚钱的报道带给人们感官刺激，吸引更多投资者投身市场。越多投资者被引诱到市场，价格就上升得越高；价格越高，被吸引到市场上的投资者就越多，进而加剧了价格的上涨。价格越是上涨，人们讲述的“价格要涨”的故事就变得越真实可靠。

这种简单的心理现象还被资本市场的特殊性所强化。首先，机构投资者是一些用客户的钱在资本市场进行专业投资的公司，如保险公司或养老基金等。这些机构每天在全世界操纵着数十亿美元，对股市中跟风浪潮的出现起着推波助澜的作用。

在这些公司，对投资策略负责的那些人不承担风险，不会丢工作。“做其他人也在做的事情”对他们来说就是最好的行为方式。简单地盘算一下：如果投资顺利，那就是没有出错；如果投资失败，他们也可以说，其他人也没有做得更好，也犯了错误。失败者能够轻易地承认，他是失败者中的一员，其他人也并不比他更好。

小时候，当我们向父母解释为什么数学只得了5分时，我们就经常用这种办法：其他孩子的成绩也没有比我更好，全体考生的平均成绩也很低。这种糟糕的诱惑增强了机构投资者对跟风浪潮的推力。他们投资于其他人也购买的股票，由此进一步推升了股价，加剧了恶性循环。

此外，分析师、银行专家和资产管理人受到系统性限制，也要保持乐观。他们不能跟客户说，股价已经过高，人们应该放弃高于100%的利润前景（这正是汉克的问题）。所以，银行家和资本市场专家用他们的评论建议助长了股价泡沫。遗憾的是，媒体同样在推波助澜，因为如何能赚 90% 的故事总比如何能亏 100% 的故事好听。人们不希望损失。对于这个问题，我们也想在后面用单独一章来深入讨论。

如果我们再来看一下已经认识到市场失控的投资者的逻辑，那么整个事情就变得更加糟糕了：即使已经肯定股价会暴跌，还是应该积极参与，只要此时股价还在上涨，否则你就会错过很多赚钱机会，只需要及时抽身就行了。由此，抛售有价证券成了一种黑彼得游戏（类似于击鼓传花）。只要还能够把股票或者抵押债券卖给下家，游戏就还在进行。只对最后一个投资者来说，有价证券才变成了黑彼得牌。最后一个人输了，股票或者抵押债券不能再继续出售，只剩下一堆废纸。

当然，没有人知道这种冒险游戏能够持续多久。这也暴露出人类的一个弱点：**我们总是高估自己及时抽身的能力。**有句谚语说得好：在股市里，没有人会打铃叫你下车。尽管如此，很多投资者还是相信，他们能听到及时退出股市的铃声。“我们总比普通民众要聪明一些吧？”没错，是那么回事。

总体来看，自负、贪婪和一厢情愿是一种致命混合剂，也是一种将股市直接引向灾难的简单市场机制。昨日英雄成了今日傻瓜。“在活动中，有人会冲你大喊，你会被喝倒彩。”基金经理卡尔回忆互联网泡沫破灭后的那段日子。他的同事也讲述了同样的经历：如何才能向发怒的客户解释，他们的储蓄都泡汤了，而这些基金管理人对此没有任何责任。这些客户可是把他们所有的钱都托付给了这些英雄。

这些投资管理人没有责任吗？那些给他们带来财富的客户迅速地找到了责任人：当时的英雄。这些投资管理人已经预感到了市场的变化，但当时还有另一个障碍：“我们认为，通过机敏选股就能够躲避股价崩溃。”亚历山大说道。不，他们实际上做不到。但我们今天才知道这一点。

在任何时候，结果都是一样的。投资者如鸭子一样，跟随着“轻松赚大钱”的浪潮的召唤。如果欣喜若狂的情绪笼罩着市场，那么它会被迅速地到处传播；如果恐惧笼罩着市场，那么大家都会陷入恐慌。现在，也许我们对这种跟风事件的形成机制有了一定了解，但我们对它的心理因素还知之甚少。是什么把我们变成了跟风动物呢？为什么我们会跟随大众呢？为什么只是因为其他人也这么做了，我们就甘愿让自己陷入不幸？

盲从的心理因素：归属感、决策便利性与和谐感

“从众效应”在盎格鲁－撒克逊文学中被称为“花车效应”。这个情景类似于一个乐队在车上演奏，欢欣鼓舞的人们追随着这辆车。紧跟这辆车的人越多，尾随的人就越多，游行的队伍就越长。

这种行为的动机可能是归属感。人们愿意参与其中，愿意属于它，愿意发表意见，愿意成为其中一员。还有什么比被大众排除在外更糟的事呢？如果谁对这种跟风的发展过程感兴趣，可以注意一下我们早期的生活场所：几百万年前，如果一个人被群体排除在外，在一个充满死敌的环境里就必死无疑。毫无疑问，我们的大脑会对被排除在群体之外作出痛苦的反应。所以，我们愿意随大流，因为这样比较容易，因为我们不想被大众拒绝。

如果我们想想琼斯和他的那些年轻追随者，就可以知道这种感觉是多么强烈。心理学家罗伯特·西奥迪尼猜测，圭亚那丛林中的邪教成员们处于一种陌生的、充满敌意的环境中，这种状况也促使了集体自杀的发生。他们的唯一依靠就是这个团队。这大大提高了不跟随团队的压力。所以，大部分邪教都把它们的成员与外部隔绝。如果一个人深陷这样一个团队，那他就只能跟这群人待在一起了。

从众效应的另一种可能的解释就是，它是基于随大流的参与者的信

息状况产生的。对此，我们可以提一个非常简单的问题：如果你的邻居把垃圾桶拖出来的话，你会怎么做？估计你也会把你们家的垃圾桶拖出来（德国在每个月的固定日期回收不同的垃圾，每家要把装分类垃圾的不同垃圾桶拉到路边。——译者注）。这种行为就显露了一些盲从的因素。也许你正好忘记了倒垃圾的时间。也就是说，你相信你的邻居会记得倒垃圾的日期，并正确地来处理这事。就像前面的比喻，你简单地就跟着花车走了。这是一个相当聪明的对策：人们只看大部分人是怎么做的，猜想在这种行为的背后有一个合理的、明智的策略，然后效仿它。

也许这在很多情况下是管用的。假如你来到一个陌生的城市，想要找一家餐馆。最简单的办法就是看当地人去什么地方。如果连他们都不知道什么餐馆又好又便宜，那还有谁会知道呢？这种观点表明，“做其他人也在做的事情”是一种既理智又有效，还节省时间的策略，这样人们就不用自己费力地去收集信息、评估信息，他只需要相信大众知道什么是最好的。

人们设想，这些大众成员拥有更好的信息，自己只要跳上车就行了。已经在车上的人跟我们越像，这种策略就越显合理。因为我们会猜想，他们跟我们有着类似的兴趣和价值观。如果说那个跟我们住在同一小区、开同样汽车、穿类似西服的邻居都通过互联网股票赚钱了，那我们为什么不应该也这样去赚钱呢？从这个角度来看，从众行为是合乎情理的。

遗憾的是，这种策略会导致毁灭。一开始只是团队中的一些成员向着错误的方向前进了，然而会有其他成员追随他们，因为后者会猜想前者有更好的信息，尽管这实际上只是有些“鸭子”犯错，向错误的方向进发了。或者更直白地说，即使大家意见是一致的，那也有可能是大家都犯错了。跳上来“搭便车”的人越多，就有越多的人想跳上来“搭便车”。在股市，还有一种更致命的状况：越多的人开始购买股票（或者其他有价证券），股票的价格就会上涨得越快，就会有越多的人被吸引，随大流入市，而这又进一步推高了价格。如此这般，循环不止。由于一开始的小小错误，尽管人们是（或者说恰恰是）基于理性展开行动的，最终却走向了一场灾难。

盲从的另外一个助推剂也许就是人们对待信息的态度。我们还是拿2000年的互联网泡沫作为例子。在2000年，关于股市的杂志和报刊异常繁荣。“只要会写字的人，我们几乎都雇用了。”在一家股市杂志担任部门经理的乌伟曾经用手捂住嘴悄悄对我这样说。不管是神学院还是体育系的学生，他的杂志真的把这些人都雇用了。

投资者们对股市故事的需求是如此巨大，股市记者都成了稀缺产品。这些股市故事大多有着同样的内容：下一个热点股票、下一个投资热点、富有魅力的公司所有者或者公司创始人的肖像、一些纳税方面的建议、一些国民经济学的分析……用这些来解释为什么股票的黄金时期已经开始了。投资者们如同购买热香肠卷那样购买股市杂志，像海绵一样吸收关于唾手可得的财富的报道。

正是这些故事，把完全疯狂的想法变得煞有其事，并给人们带来他们愿意听到的东西。我只需要作一点点股票分析，像销售额、经营模式、利润和股价走向等，就已经可以游刃有余，知道会发生什么，并能够确定它的走向。心理学把这称为控制幻觉：我们相信，我们是稳稳地坐在马鞍上，把握着方向。（尽管如嘲讽者说的那样，我们通常只是被允许坐在副手的位置上。）关于这一点，我们在后面还会论及。

尽管在危机时期，得到各方面的信息更为重要。然而，随着股市下跌，这类杂志的销量也下滑得很厉害，好像它们的读者数量同股市行情相关联一样。

股市杂志受益于被专家们称为“一致性”的东西。人们希望他们世界里的一切都是以统一的方式在进行。整个世界能够浑然一体地呈现在他们面前。人们不愿意得到相互矛盾的信息。股市杂志起到了重要的作用：在投资者作决定时，向他们证明自己长久以来形成的看法的正确性。谁要是不同意他们的看法，如汉克那样，他就是个傻瓜。如果人们形成了一种看法，他们就会有一种倾向，排斥不同意见和不同于这种世界观的各种信息。一位专家论坛的嘉宾就是一个典型的例子。

在辩论结束后，他向我坦言，他的观点被完全驳倒了，没有什么反驳的论据了，尽管如此，他还是保留他的意见。遗憾的是，如果某个人是基督教社会联盟（CSU）的选民，那他就会读《巴伐利亚信使报》（*Bayernkurier*，由德国基社盟出版发行的一份保守的周刊，重点在于经济、政治和文化。——译者注），而不读《前进报》（*Vorwärts*，德国社会民主党的党报，思想较激进。—— 译者注）。尽管实际上对一个保守党的选民来说，后者才更有意思，因为它从另一个角度提供了信息。

人们对一种统一的世界观的追求，会使他们或者通过重新诠释迄今为止的观点来淡化新信息，或者干脆拒绝新信息，怀疑这些信息的来源，认为信息提供者是被教唆的或者是低能的。人们试图保持他们的世界和谐，让不和谐的信息都被淡化。他们积极地寻找能够起证明作用的信息。在这里，跟风效应又起作用了。越多的人同意自己的观点，就越能证实自己的正确性。连别人也同意我的看法，这会让人得出乐观的结论。即使有不同的意见，也会像上面提到的那样被淡化。

当然，时间总会走到某个节点。在这个节点，反对这种观点的信息会明显地占上风，实际情况变成了明摆的事实，比如通过股价下跌的方式。随之而来的是激烈的摇摆。人们会对自己的观点和态度重新进行诠释和调整，并在一种新的认识上重新达成和谐一致。在这个节点，投资者开始拒绝追随股市杂志。

这时，这些报刊的话题便会发生转变，比如，如何拯救你的资金、危机将持续多久等。不过，这些对投资者来说是不具有足够说服力的。因为这些故事既没有向人们许诺简单易行的发财之道，又没有提供有说服力的前景展望，反而向读者显示了它们的苍白无力。这时，这些杂志能够向读者们兜售的只有不安和眼泪。

经济学家埃莱娜·阿根特斯、赫尔穆特·吕特克珀和马西莫·莫塔通过研究意大利的股市对上述的观点进行了验证。他们考察了意大利的金融报刊《24 小时太阳报》的销售数量和意大利股市的发展情况。结果很明确。如果意大利股市上涨，《24 小时太阳报》的销售数量就会上升。借助于一些巧妙的统计技术，他们揭示了股市与报纸销售数量之间的因果关系：上涨的股价导致了较高的报纸销售数量。股价下跌的话，金融报刊的销售数量也会回落。

科学家们将认知上的不一致看作以上这种关联的原因。如果股票价格下跌了，我们的头脑中就会产生一种不适的感觉。我们拥有的股票价格下跌会令人心疼。这时，会有两种可能的处理方式。第一种方式，卖掉股票，自己承担损失，更有甚者，向生活伴侣、朋友和同事承认遭受损失。这是愚蠢的主意。第二种方式，排除产生不适的原因，也就是引起不适的信息。所以，人们不再阅读金融报刊，由此，不适感就消失了。相反，在股价上涨时，这种因果关系也会起作用。如果你拥有的股票价格上涨了，你就会乐于关注每个相关信息，这些信息确证了当时购买股票的决定是正确的。由此，人们就会购买《24 小时太阳报》。

经济学家们在英国也发现了同样的正相关关系。在英国，当股价上涨时，《金融时报》的阅读量就会增加。如果股价上涨了，人们会很乐意阅读那些能够证明自己英明决定的报刊。如果股价下跌，人们就不愿老是想起自己作了个错误的决定，并有可能损失金钱。所以，在危机时期，人们宁可阅读体育或者社交刊物。

现在，我们大致了解了盲从心理和它的形成机制。但人们怎么才能在这种盲从的潮流面前保护自己呢？我们能从中学到些什么呢？让我们从新港海滩之行说起。

为什么巴菲特不住在华尔街?

新港海滩是一个迷人的加利福尼亚小城，风景以玻璃幕墙装饰的办公楼、草坪和棕榈树为主。在这个风景如画的港口，人们可以租船出海观赏鲸鱼、冲浪、参加新港海滩国际电影节或者参观无数博物馆中的某一家。

新港海滩远离世界金融中心华尔街，但这里是一家世界上最优秀的私人金融公司所在地。这家公司就是太平洋投资管理公司（PIMCO），成立于 1971 年，2000 年起隶属于慕尼黑安联集团。太平洋投资管理公司管理着 1 万亿美元资产，主要由债券组成。企业创始人比尔·格罗斯（Bill Gross）是证券界的一位传奇人物。格罗斯就是太平洋投资管理公司的代言人，太平洋投资管理公司的成就也是格罗斯的成就。

当然，大量杂志、报纸和记者都试图揭示这些成就的秘密：到底是什么造就了比尔·格罗斯这个投资传奇?

另一位同样著名的传奇人物就是沃伦·巴菲特，他被誉为“奥马哈的预言者”。巴菲特不住在纽约，不住在华尔街附近。40 年来，他一直住在奥马哈的一栋房子里，这栋房子是他花 31 500 美元购买的。巴菲特喜欢樱桃可乐，痛恨鸡尾酒会。他喜欢讲述 5 岁时他就通过出售口香糖挣到第一笔钱；6 岁时，他以 25 美分的总价买入 6 瓶大包装的可口可乐，然后以 5

美分一瓶的价格卖出。巴菲特不仅生活在奥马哈的法纳姆街，他的投资公司伯克希尔·哈撒韦的总部也在奥马哈，远离喧嚣的华尔街。巴菲特抵制住了高科技股票的诱惑。对他来说，互联网股票是没有投资价值的。在美国，巴菲特被视为投资传奇。

是什么让格罗斯或者巴菲特这样的人取得了成功？可能是鲜明的性格特征、严格遵守的投资纪律，也可能有一些运气因素。格罗斯和巴菲特有一个共同特点，就是他们都不居住在华尔街，远离金融市场心脏曼哈顿下城的这条著名街道。在这条街道上，身着灰色和黑色西装的生意人整天相互会面，做生意，交换股票和资金。

华尔街上应酬繁多，这也许是生活在华尔街的一个不便之处。但是大部分公司寻求的恰恰是这些。它们希望身处各种业务发达的地方，身处能把握市场脉搏的地方，由此知道什么是重要的、什么是最新的动态、谁是受欢迎的和必须结识的人。好的信息来源、重要的熟人、非正式的联系和关系网，这一切都使业务开展得更容易。

这听起来很有道理，但只要看一下盲从的心理机制，就知道这是一个错误。**如果你每天都被思考、讲述、相信和感受相同东西的人包围，那你就很难摆脱这些思想、信念和感受，你就会被卷入盲从的浪潮。**

这也许正是比尔·格罗斯和沃伦·巴菲特成功秘密的一部分。他们都在远离华尔街的地方作出决策，由此，他们可以免受巨大的潮流的影响。如果你参加过聚会、足球比赛或者其他群体活动的话，你就应该知道，人们实际上很难摆脱集体的影响力。你会突然发现人们是如何怪里怪气地大声唱着幼稚的聚会歌曲上蹿下跳的。如果你在大斋期（复活节前的一段准备时期，复活节是基督徒纪念耶稣的一个节日。——译者注）前的星期一去过美因茨狂欢节中心的话，那你很快就能理解这种场景了。如果你这时去美因茨出差，不能一起参与狂欢的话，看着面前列队经过的欢呼和狂叫着的人群，你的内心就会升起一种被疏远的感觉。你不是潮流的一部分，所以你就不理解他们的思想。

这大概就是沃伦·巴菲特的境况。他在远离华尔街的奥马哈，在31 500美元的房子里听着华尔街的采访，听着那些笃信技术的神童们叙述新的时代和100%的利润。也许岁数也帮助了他。他不属于二十七八岁就在股市呼风唤雨，并同新科技共同成长的那一代神童。这也使他产生了疏远感。这种源于空间、文化和个人的疏远感，有助于他抵御大众潮流的诱惑。“在华尔街的话，我父亲就会有完全不同的生活。”巴菲特的儿子彼得这样说道，“他可能也会去追逐那些别人想要的东西。”没有比这更好的说明了。正像德国的一位基金经理说过的那样，他避免各种会议和每天的股市会谈，因为在那里存在太多无关紧要的信息。

对于投资者来说，这意味着他们应该完全有意识避开日常业务的忙碌。不要每天都去查看仓位，不要每天都去比较股价，不要每天都去阅读附有最新投资建议的股市刊物。干脆同每天的这些疯狂保持一个合适的距离。比如纽约对冲基金首席执行官盖伊·斯皮尔，他是一位绝对不会被人认为是外行的股市专家。按照他自己的说法，他每周只查看一次股价表上的价格。

反之，如果你喜欢冒险，喜欢这样的狂热世界带来的精神紧张和激动，那你应该分散资产。一部分作为锁定的、长期投资的养老金，另一部分作为投机资金，以便参与令人兴奋的资本市场活动。人们总是会发现，这部分投机资金很快就会被耗尽，而作为资产的重要部分，投资于养老金的那部分应该远离这种随大流的活动。

心理学家保罗·安德亚森对此做了一个很有启发的实验：

两组大学生为他们的资产组合选择股票。他们对这些股票都有足够的了解，这使他们对其价值有着自己的看法。然后，他们就用这些股票进行交易。但在两组大学生中，存在一个区别：第一组大学生只能看到他们股票的股价变化，不能得到任何其他信息。相反，第二组大学生会不断得到关于股票的各种信息和金融报告，解释这些股票发生了“什么”以及这些情况“为什么”会发生。结果令人惊讶，并支持了要与随大流的趋势保持距离的观点：第一组大学生的投资成绩明显优于第二组。

不断受到金融报告影响的大学生倾向于过于强调这些信息的重要性。实际上，不是所有信息都是有用的，有的信息甚至是有害的。所以，将自己的投资与随大流的趋势保持一定的距离，对我们不会有什么害处。

在政策方面，股市中的随大流有一个明显的信号。**所有金融危机都与过于宽松的货币政策相伴。宽松的货币政策给经济注入了过多的流动性，并由此启动了盲从之车。**这是弊端的开始，也是货币政策最需要注意的地方。如果世界上的纸币和贷款泛滥成灾，那么随之而来的资产价格疯涨会留下一个烂摊子。

“我再也不想离开圭亚那，再也不想回到我以前的生活。”罗拉这样说。她是圭亚那丛林集体自杀事件的少数幸存者之一。为什么？罗拉在那个决定命运的 1978 年 11 月 18 日不在丛林营地，而是在圭亚那的首都乔治敦。在那里，该教派建立了第二个基地。“看着心爱的人一个接一个昏倒死去，如果我当时在场的话，我也会不想活了。”罗拉在电台里听到了集体自杀事件的消息，但她幸存了下来。也许，正是因为她与盲从的自杀者之间有着足够的距离。如果你不想被盲从的潮流席卷而去，那么，就必须与其保持距离。

我们还应该与人类的另外一个弱点保持距离。现在，让我们来看看水晶球，或者更正确地说，来观察一家发行量较大的德国报纸。

GELD DENKT NICHT

第 2 章　随机性

最危险的敌人最善于伪装

转轴失衡的转盘让工程师贾格斯在“轮盘赌”中稳赢 325 000 美元，之后他永不再赌。依赖随机性的“轮盘赌”可以作弊，股市这个“大轮盘”也可以作弊吗？

在体育运动中，流传着所谓的“热手效应”：一些运动员会在某一阶段处于比平常更好的状态，做什么都能够成功。投资也需要“手气”吗？

图表分析可以打败随机性?

2006 年，一家著名的德国报纸发表了一篇预言性的文章 :《从长期来看，德国法兰克福股票指数（Dax）将会跌到 2 000 点以下》。大幅标题刺激着读者。这显然是值得注意的，因为这是一个股市专家在 2006 年向我们许诺 2015 年的世界看起来将会是怎样的。尽管在通往那里的道路上会有各种各样的不确定性，如金融危机、战争、政权交替、洪灾和新技术等，但有人在这里向我们许诺，他能够告诉我们在今后的岁月里世界看起来将会怎样。令人佩服！在股市分析报告和股市杂志的缤纷世界里，这类文章读起来就像这样 :

> 在过去的一周里，德国股票指数闪闪发光。它以一个令人印象深刻的涨幅收复了 200 日均线和 6 000 点关口。但现在德国法兰克福股票指数在 6 118 点处已经遭逢 38 日均线的阻力。突破这个障碍将会促成一个直达 6 250 点的上升行情。当然，如果股指回调的话，德国法兰克福股票指数预计会重新回到 5 963 点处的 200 日均线。

值得注意的是，200 日均线不是处于 5 962 点，也不是 5 964 点，而正好是 5 963 点，并且遭遇阻力的肯定是 38 日均线，不是 39 日均线或者 37 日均线。图形分析能够做到如此精确。

它真的能吗？本章我们会讨论股市中最危险的“敌人”。这是一个会以各种伪装出现的敌人。它总是在我们最不经意时出现，并在我们最不需要它的时候让我们的计划成为泡影。这个敌人就是随机性。

随机性也会捉弄那些用引人注目的专业词汇进行预测的专家。这些专家是些什么人呢？这些专家就是被称为“股市技术分析师”的那群人。技术分析师将有价证券价格的各种波动与技术指标相结合并作出预测。夸张地说，这些人就是试图理解世界的内在机制。一旦他领悟了其中的关联，知道了这些关联会生成怎样的模型，那么他只要掌握这些模型，就能够进行预测了。简单地说，一旦人们掌握了一个特定的模型，就能够从过去类似的模型中推导出现在会怎样发展。这是股市的内在机制吗？这是世界的内在机制吗？

这听起来太美妙了，以至于显得不真实，而有些事情听起来甚至有些荒诞。这个世上存在能被掌握的固定模式吗？掌握了它的人就能自己打开一扇通往未来的便捷之门？这与其说是科学，不如说是玄学。更令人惊讶的是，刊登了关于德国股票指数的那篇文章的报纸的负责人在一次谈话中透露，读者疯狂地追逐这样的技术分析。来信、电话询问和邮件等读者反馈向报社清楚地显示了读者对这种分析的需求是多么巨大。

“我们编制了一个系列的技术分析，其反响是巨大的。”报纸的区域经理这样说道。就连大学也来询问是否可以得到这类文章的副本。有的编辑不解地摇头：是什么东西驱使着这些人？为什么他们对这类东西的兴趣这么大？

也许一个简单的实验可以帮助我们了解这里发生了什么。受试者被要求看一段简单的、抽象的人物描述，比如：

> 史蒂夫是一个害羞的、深居简出的人，他乐于助人，但是对他人

不大感兴趣。他喜欢秩序和结构，对细节具有感受力。

你认为，史蒂夫的职业是什么？他是一名图书管理员还是一个农夫？你肯定毫不犹豫地猜想，他是一名图书管理员。很简单，因为对他的描述符合一名图书管理员的特征。一个农夫会对细节有感受力吗？一个农夫会深居简出吗？听起来都让人觉得有些滑稽可笑。所以，史蒂夫只能是一名图书管理员。

在这里，你在自己未察觉的情况下已经使用了一种特殊的决策技术，这种技术被称为“启发学”。启发学是一种方法，它帮助我们以简单的方式解决复杂的问题。史蒂夫的职业问题是一个非常困难的问题。如何去猜测一个我们几乎一无所知的人的职业呢？一个优秀的分析人员会选择下面的方式：他会思考什么职业在德国是最常见的，然后猜想史蒂夫从事这种职业。我们假定，在德国的人口中，2%的男性是图书管理员，4%的男性是农夫。然后，人们就应该猜想，史蒂夫是个农民。从概率论的角度，这是一个比较好的办法。

为什么？原因很简单，如果我们假定史蒂夫是随机地从德国人中被选中的话，那么，一名图书管理员被选中的机会是2%，而一个农夫被选中的概率为4%。所以，我们应该猜想他是农夫。

这听起来符合逻辑，但和我们掌握的情况相抵触的是，人物描述听起来完全不像是农夫，而像是图书管理员。所以，我们根据已知的史蒂夫的性格特点推断出，他是一名图书管理员。由此，我们使用了代表性启发学。我们认定，我们所了解的史蒂夫的性格特征是典型的图书管理员，所以，他肯定是一名图书管理员。至于我们不了解的百分比数字，我们则会主动忽略它。我们将这个关于史蒂夫职业的复杂问题用一种简单的方法解决了。如果某人看起来像一名图书管理员，那他就是一名图书管理员。与研究人口中百分之几是图书管理员、百分之几是农夫相比，这种方法显然要快捷和简单得多。

原则上来说，这是一种不错的方法，也相当有效。如果我们看到有人身着皮衣、文身、开着轰轰作响的摩托，而且满嘴酒味，估计这个人不会是牧师，这在 99% 的情况下不会有错。但这种方法总有效吗？举一个例子：

> 史蒂夫做事总是很认真、心思缜密。他工作勤奋，对他人很感兴趣，不会对任何事情放任自流，工作时注意力高度集中。

如果我们需要判定史蒂夫是一个办公室的办事员还是一名心脏外科医生，结果会怎样？人物的描述也许更多地表明他是一名外科医生，但从数量上说，德国有多少外科医生，又有多少办公室办事员呢？猜想他是一名办公室办事员不是更好吗？

进一步的实验显示，在这里，我们错误运用启发学的可能性还是很大的。现在，我们请被测试者在一个由 100 人组成的小组中随机选出一人，然后猜测他的职业，确切地说，猜测他从事某种特定职业的概率。这时，我们告诉被测试者，这个小组由 30 名工程师和 70 名律师组成。由此，从这个小组中随机抽出一名律师的概率为 70%。被测试者也领悟到了这一点。如果我们不给他们人物描述，他们就会估计选出的人有 70% 的可能是一名律师。

如果我们告诉被测试者，选出的人是对技术充满热情的，那么，他们肯定会认为这个人是一名工程师。而对于人群中的多数是律师这个事实，他们完全置之不理。这会导致错误的估计。即使在这 100 人中只有 1 个工程师，由于“对技术充满热情”这个附加信息，人们也很少会考虑只有 1 个工程师这个事实。为什么人们会忽视在 100 人中毕竟有 70 人是律师这个事实呢？这里暗藏着一个错误的根源。

更离奇的是，现在给被测试者一个人物描述，但根据这个描述无法推断这是一名律师还是工程师。现在，他们估计这是一名技术人员的概率是 50%，而完全忽略了 70% 是律师的概率。

现在你也许会说，代表性启发学是很有趣，但这跟股市有什么关系呢？跟美元价格和技术分析的预言又有什么关系呢？有一些关系。

比欧达塔股份公司就提供了一个很好的例子。比欧达塔是当时在新市场（德国证券交易所的一个部分。它是新经济兴起的过程中，在 1997 年参照美国纳斯达克的模式设立的。——译者注）挂牌的一家生产加密软件的公司。它的股价总是随着生物科技股票的价格变化而变化。市场观察家一致认为，很多投资者由于该公司名称中的“Bio”字样而错误地把它当作一家生物科技公司。该公司的股价虽跟随生物科技行业的发展趋势波动，但实际上这家公司根本就不属于这个行业。这个例子真的很具代表性，并且真的很荒诞。

但更糟的是，“代表性启发学”这个古怪复杂的单词还会导致所谓的“游戏者的错误”。为此，现在我们去赌场，看看一位男士是如何机智地战胜随机性的。

轮盘赌也可以作弊吗？

1873 年，约瑟夫·贾格斯到达蒙特卡洛，他对轮盘赌一无所知。约瑟夫·贾格斯是一名工程师，他知道关于轮轴的所有知识，知道没有一个轮轴是完全均匀和平稳地旋转的，总会存在这样那样的不规则。贾格斯利用这个知识，雇用了 6 名年轻男子，整天为他记录轮盘赌桌子上出现的号码。然后，他着手评估这些数字。贾格斯本能地认为，某个转盘已经失衡，它运行得不均衡。因此，在这台机器上出现的数字也不均匀，存在向某一组数字倾斜的情况，这组数字出现的机会高于平均概率。

贾格斯得到了他想要的信息。他走进赌场，开始赌博，并且只在那台出现失衡状况的机器上赌博。他赢钱了。赌场经理惊慌失措，鉴于贾格斯得到的令人不安的收益，下班后他更换了桌子的转盘。在接下来的几天里，贾格斯输了钱。开始时他很恼火，但后来他回忆起来，那个失衡的转盘是有一个小小划痕的。所以，他找了一张又一张的桌子，终于重新找到了那个带有划痕、偏好特定数字的转盘，并开始继续赢钱。当他赢了 325 000 美元后，他离开了蒙特卡洛，永不再赌。

现在请设想，你为了谋生已经观察轮盘赌很长时间了。你觉察到，刚刚红球连续出现了 6 次。现在你的手指是否有些痒痒，想把钱押到黑球上？此前，你肯定清楚地知道，只要轮盘没有失衡情况，红球和黑球出现的概率是一样的。轮盘赌的轮盘没有记忆。即使是红球连续出现了 100 次，但在第 101 次时，黑球出现的概率也还是 48.6%。不是 50%，因为有 0 号球。在美国的轮盘赌，黑球出现的概率还要更低，因为有 0 号球和 00 号球。

但为什么直觉告诉你现在该轮到黑球了呢？很简单，因为连续 100 次红球不符合我们对随机性的代表性启发。对我们来说，红球和黑球出现的次数大致保持平衡，那才叫随机。实际上，红球和黑球出现的次数也确实会保持平衡，但只有从长期来看才会这样。这就是我们的问题。在这里，我们遇到了代表性启发学。

这个思维逻辑上的错误在于，我们只进行了为数很少的几轮投掷后就期望红球和黑球能保持平衡。连续 6 次红球，这不是真的吧，应该是 3 次红、3 次黑才对。是这么想的吧？如果某人这么想的话，那他就是把随机想象成可准确计算的、友好的事物，即使在细微之处，随机性也能如我们期望的那样讨人喜欢。但随机性恰恰不是这样，它是野性的和不可预计的。

随机事件不可预测，但却能够形成模型，正是这种模型把我们带入技术分析领域。你可以做一个简单的实验：扔 100 次硬币，然后把扔硬币的结果填入一个图表。每次硬币投掷产生一个点。毫无疑问，你用这种方式得到的 100 个点会形成一条曲线，这条曲线就如同模型。可以是一个规则的“之”字形、一个陡峭的上升、一个狭窄的下降，或是一个波浪形。换句话说，你发现了一个规律，一个由随机收集到一起的数据构成的模型，现在你可以给它冠以一个合适的理论名称。

这恰恰是在股市寻找规律的关键之处。人们在股票、货币和其他价格的图表中发现了大量的规律，但这些规律和模型真的具有深刻的意义吗？如果你是技术分析的追随者，你就会相信它们是有意义的。因为我们不能想象，模型是偶然产生的，模型是不符合我们对随机性的设想的。所以，代表性启发学告诉我们，在这种模型的背后一定存在一个系统性的联系，如同上文中那个失衡的轮盘。

相反，如果你摆脱代表性启发学，你就会同意这些模型都是随机产生的，那么，技术分析就会变成股市的假黄金。人们在成千上万的股价数据中寻找那些构成模型的数据，然后给这个模型冠上某个理论的名称，比如“在头肩形态后会出现下跌的趋势”，并在这种理论的基础上作预测。人们给了随机性一双理论的翅膀，借助这双翅膀，人们飞向了预言的涅槃。那到底什么是确定的呢？现在我们来进一步分析，技术分析到底是如何起作用的。

技术分析提供了虚假的安全感？

在技术分析的概念之下，隐藏着一个由模型、方法和股市指数等元素构成的大杂烩。借助这个大杂烩，人们试图预测股价。这门学科的一个固定的组成部分就是图表分析。人们从一个股价的运行模式中，也就是从图表中读出股价未来发展的种种迹象。这种方法暗含着这样一种想法，那就是存在不断重复发生的事件，并且很多事件具有类似的、未来很可能再次发生的运行轨迹。

所以，某个图表中的特定模型被视为未来发展的先行者。人们在某种股票价格图表中发现的几何图形被理解成方向指示器：根据这种理论，移动平均线、带支撑线和阻力线的趋势通道，各种形态如 W 形和 M 形、头肩形、三角旗形或艾略特波浪理论能够标出某只股票价格变化的转折点，或者给出股价什么时候以及如何继续发展的线索。

简单地说，分析师观察某只股票价格的发展变化，并试图确定这个图表显示了怎样一种模型。如果他掌握了一种模型，比如趋势通道，他就能通过这个模型预测其涉及的有价证券的价格走向。对于没有参与其中的观察者来说，这有些像通过鸟的飞行轨迹来预测未来。这是一种在几百年前流传甚广的技术，人们很少听到这种方法取得了什么效果，而且它现在看起来有些过时了。

如果投资者不追随股价趋势和图表分析，那么他会相信另外一种机制，也就是代表性。如同我们根本不愿相信一个害羞并深居简出的人是农夫一样，我们也很难想象随机性能够产生可以应付各种股价图表的模型。结论是显而易见的，如果这个模型不是随机产生的，那么它就是以某种更深层次的机制为基础的，图表分析就是试图对这种机制进行探究。一旦有人破译了这种机制，他就能以此赚钱。

所以，一切都是随机的吗？股市图表技术分析师否认这一点。他们声称，与轮盘赌不同，图表并不是由随机性决定的，而是反映了人类行为。这些行为在特定的情况下不断重复。听起来很合理，但考虑到人类性格和行为的无限不确定性，以及数以百万计的影响人类行为的变量，要从一根曲线中看出一切，是不是有些过于乐观了？并且我们还没有谈到，人类的行为也是会被随机性所改变的。

图表技术分析师反驳说，很多股价遵循着图表技术的规律性，这难道不是图表几何图形和股价发展之间存在内在联系的最好证明？不是股价构成一般法则的最好证据吗？我宁可说不是。这一点可以用数据挖掘方法加以解释，人们从填满成千上万的股票价格的盒子里，也就是金融市场里，寻找出那些偶然符合某种特殊变化模型的价格走向，并以此来证明股价走向存在普遍性。如果你有闲暇，可以自己尝试一下抛硬币实验。做 10 组抛 100 次硬币的实验，并写下实验结果。你很有可能在这 10 组实验中发现重复的模型。随机性又嘲讽了我们。

模型是这样进入随机时间序列的：人们花足够长的时间来寻找各种因为偶然的原因以类似的方式发展的股价。嘲讽者称这种方法为“墨西哥狙击手”：人们用手枪向一堵墙射击，然后在弹孔的四周画上靶子，并赞美他弹无虚发。如果有人强调有很多股价遵循图表技术模型，那他也应该反过来问问，又有多少股价没有遵从这些规律呢？这样一比较，结果可能就是令人失望的。

这种观点也适用于对这种说法的抗辩。比如，有人说有很多的技术分析师用这种方法赚了钱。这听起来不错，但是他却没有回答有多少技术分析师用这种方法赔了钱。当然，这类人不容易被找到，因为犯了足够多的错误之后，他们就被踢出市场了，剩下的只是那些有成效的图表分析师。也许他们不是依靠图表分析取得了成效，只是尽管有图表分析的干扰或者说误导，但仍然取得了好的成绩而已。一个幸存的卓有成效的图表技术分析师也许只是侥幸。他并不能够作为图表分析优越性的证明。如果图表分析确实有明显优势的话，人们不禁要问，为什么有的分析师不用这种方法呢？

关于图表分析的尖锐争论，还上升到了哲学高度。未来已经被固定在命运的轨道里了吗？如果确实是，那么图表分析师就成了现代的先知。

他们不是通过鸟的飞行或者动物的内脏，而是通过股票价格的变化来读出我们的命运，或者更正确地说，读出市场的命运。但如果我们的生活确实是被预先确定了的话，我们还能改变它吗（即使我们看清了它）？因此，寻找图表分析模型就如同寻找能够诠释一切的、统一的世界方程式。证券价格、鸟类的飞行和自然的美学，这一切都应该遵循统一的法则、模式或方程式。图表分析用黄金分割或者艾略特波浪等理论向我们透露了这个世界方程式的一部分。神的计划在向我们示意。即使不是极端的怀疑主义者，也会对这种想法感到不适。

与这些根本性的哲学思索不同的是心理学的解释。通过投资杂志的传播和推广，很多市场参与者了解了图表分析的思想和预测，于是图表分析成了自我实现的预言。因为当所有人都相信它，并按照它来进行交易，预言的事情自然就发生了。如果有人根据图表分析期望股价会上升，他们就会买入股票，由此真的推高了股价。

实际上，技术分析和我们对它的信任有可能更多的是一种心理现象。我们的头脑不愿意相信这些模型是随机的。我们的头脑用某种诠释或某种内在意义使它变得崇高，并由此实现了内心的另外一个愿望：拥有更多安全性和一个可理解的世界。而资本市场恰恰充斥着复杂性和不确定性。从心理学中我们得知，人类的头脑寻找着避开这些问题的途径。人们用给予我们依靠和信心的、简单的几何模型来解释这些问题，而不是通过分析利息、汇率、政策、经济增长和其他因素之间的复杂内在联系来使自己认识到，未来是不确定并充满危险的。

由此，除了简单易懂，图表分析还诱发了一种具有欺骗性的安全感，因为资本市场上发生的事情看起来都是事先确定的。现在，**我们认识了未来的股价，这使我们不再感到软弱无力，不再孤立无援地被资本市场上的随机、粗暴事件所掌控。**如果技术分析还预言了一些人们乐意相信的东西，那就更进一步地提高了投资者精神上的幸福感。由此看来，图表分析满足了人类内心深处对安全、对一个可理解的世界、对一切尽在掌控的感觉的渴望。因此，我可以大胆地说，在未来，这样的人还会存在，他们不是通过鸟的飞行轨迹，就是通过有价证券价格轨迹来预测未来。

与之相反，对于资本市场，经济学家们常常偏爱一个模型，这个模型的运动轨迹让人想起醉汉。这就是“随机游走假说”。假设有一个醉汉，他左摇右晃、东倒西歪地走在回家的路上。醉汉的目标是清楚的，可惜只有当他到达目的地后，我们才能知道他的目标。这对预测来说就太晚了。他的曲线运动模式对他的目标只有很少的说服力，甚至没有任何说服力。

由此，我们可以想象，有价证券的价格就像一场巨大的轮盘赌，不同的只是这里出现的不是球上的数字，而是价格的波动。某一天股价如何波动是一个随机事件，不能通过过去的价格变化轨迹来确定。如同轮盘赌的球，股市价格也没有记忆力。支持这种观点的是各种相关事件，这些事件影响着资本市场。即使它们不是偶发的，也肯定不是由过往的股价图表决定的。这些事件包括利率下降、灾难、战争、风暴、选举结果以及现实世界的其他事件。这一切对图表分析是不起任何作用的。如果按照一个特定的方程式，股价会不断上涨，即使是发生战争或者国家破产，这种上涨也会到来。这可信吗？

也许你会反驳说，在股市中确实存在一定的关联关系，确实存在规律和因果关系，它们决定着资本市场的各种现象，我们难道不能对此加以利用吗？也许传奇的飞艇能够回答这个问题。

拜仁慕尼黑操控了德国股市？

1937年5月6日宣告了一个时代的结束。人类历史上最大的飞行器兴登堡飞艇横跨大西洋后，到达了纽约附近的降落地点雷克霍斯特。突然，飞艇剧烈摇晃，在接下来的32秒钟内，飞艇变成了一个巨大的火球坠毁在地。在这场灾难中，飞艇上的97人中有35人死亡；地面上，雷克霍斯特的一名工作人员被掉落的碎片砸死。人们提出了多种理论来解释飞艇起火的原因：雷电、用铅弹猎枪射击飞艇的鸡农、无政府主义者的报复行为，以及蓄意人为等。鉴定人员发现，着陆时一根断裂的钢绳在巨大的氢气囊上打出了一个洞，氢气渗入舱内，在舱内形成了一种易燃的瓦斯并与空气混合。一个火花就足以引起灾难。

在雷克霍斯特的那个夜晚，作为德国航空业骄傲的兴登堡飞艇化为灰烬。从那以后，兴登堡成了灾难和不幸的同义词。直到今天，兴登堡这个名字仍然在股市散布着害怕和恐惧，至少是在一些特定的股市圈子里。在那里，有时候人们会相互悄悄说，“兴登堡凶兆”把它的阴魂投到了交易大厅。

这个阴森凶兆的起源已经无法佳人追溯。美国投资顾问公司主线投资者罗伯特·麦克休在他的网页上鼓吹“兴登堡凶兆”，并把发现“兴登堡凶兆”的功绩归于他的同事吉姆·米耶卡。凶兆传递的信息就是股市崩溃。凶兆是一个技术指标的大杂烩。当各种经济和股价的数据出现某种特定状况时，按照“兴登堡凶兆”追随者的说法，在未来的4个月中，股价至少下跌15%的概率为25%左右。人们完全可以称之为灾难。麦克休这样写道：在过往的21年中，这种凶兆出现在每次股票价格崩溃之前。他总共预测出了22次这样的凶兆。

“兴登堡凶兆”的基本思路是，如果在一个交易日，很多股票达到了新高的同时，很多股票达到了新低，就说明股市上有一些不好的状况，这是一个市场分化的信号。所以，首先要计算，在某个交易日，在纽约证券交易所的股票总数中，百分之几的股票达到了52周的新高或者新低。这两个百分比中较小的那个一旦超过2%，那么就可以说，市场非常不统一。但仅有这个指标还不够。按照“兴登堡凶兆”的观点，纽约证券交易所股价的 10 周移动平均线当日必须呈现升势，麦克莱摆动指标当日必须为负数。有时还附加第四个条件：创 52 周新高的股票数不能超过创 52 周新低的股票数的 2 倍。为了确定股价的空间已经被完全释放，凶兆还必须被再次证实，在 30 天的周期内至少重复一次。

在这里，我们不想对"兴登堡凶兆"进行深入探讨，你也不必非要理解它。但你在这里是否看到了一些其他东西呢？在这里等待我们的又是一直迷惑着我们的随机性。

"兴登堡凶兆"看起来依然是在数据的旧箱子里寻找依据，如同技术分析一样。人们研究上百个指标在危机时期的表现，然后整理出在危机期间总是不变的（实际上可能只是碰巧）各种变量的"鸡尾酒"，这就是数据挖掘。如果碰巧金融市场上所有股价，或者说大部分股价的下跌都是在满月，那么，满月也就对股票价格有影响了。

现在听起来有些刁钻的东西，事实上离我们在股市中的经历并不遥远。让我们问一下股市和经济的占星学家乌韦·克劳斯。他接受了《精明的投资者》杂志的一次采访：

> 《精明的投资者》："为什么星星会对股票、债券或者其他证券的价格有影响呢？"
>
> 克劳斯："这纯粹是一个经验的东西。人们观察它是起作用还是不起作用。比如，如果根据德国股票指数的星相对德国股票指数的预测在超过 50% 的情况下是正确的，并且这种情况一再出现，那么，这就是一个明显的提示：在这里使用占星术是有意义的。"

借助星相学来确定股价运行的想法，传播得远比人们想象的要广。一旦涉及认识未来，人类就是无所畏惧的，不管是用技术分析还是股市星相学。在德国最大的金融中心法兰克福，一些交易商会在私下谈论，一些外汇专家也非常关注月相。据传，德国一家很大的资产管理公司在作重大决策时也要观察星相。按照克劳斯的说法，最重要的是木星和冥王星的会合，因为这标志着巨大的财富。

占星家的回答很好地展示了随机因素是如何猎取它的牺牲品的。如果德国股票指数的星相学预测在 50% 的情况下是正确的，那么星相学就是“有一定的准确性”的，不是吗？如果它只有 30% 的可能是正确的，那人们只需要反着星相学的要求来做，就能发财。行家称之为“逆向指标”。这里体现出的依然是对数据的偏执。人们找出了木星和冥王星会合与沃伦·巴菲特或者比尔·盖茨的成就之间的一种偶然的联系，就有了股市星相学。如果不是木星和冥王星的话，人们就会找出这两位先生之间的某种其他关联（总会有这样那样的关联的），而这就是星相学对带来财富的星座状况的指示。随机性又在幸灾乐祸了。比如说，这两位先生的姓都带有一个字母“t”，这中间不会存在某种关联吗？但谁的姓中带字母“t”，谁就能成为成功人士吗？大概不会是这样。

这类荒谬关系的另一个例子就是传奇的美国橄榄球杯指数。这个指数每年都被股市报纸竞相追逐。美国有两个职业橄榄球协会，也就是国家橄榄球联合会（NFC）和美国橄榄球联合会（AFC）。按照美国橄榄球杯指数，如果国家橄榄球联合会赢的话，作为美国股市价格晴雨表的道琼斯指数就会上升，而如果美国橄榄球联合会赢的话，道琼斯指数就会下跌。至少根据以往的数据，这种关联还是非常肯定的。但这种理论的解释能力几乎等于零，因为这种关联关系纯粹是偶然产生的。难道你真的相信一场橄榄球比赛的结果会对股市价格产生影响？这应该是一种怎么样的关联关系呢？

在我的请求下，某家资产管理公司的一位专家，通过一项简单的统计工作为这个世界创造了一个“拜仁慕尼黑指数”。由这个指数可以得知，拜仁慕尼黑损害着股市。在拜仁慕尼黑获得冠军的大多数年份，德国股票指数的变化从年度来看都是负的。如果股指变动的方向正好相反，拜仁慕尼黑的胜利就是有利于股市的。人们可以把这两者作为“拜仁慕尼黑预言”硬塞给投资世界。两者中总有一个是大概率的，尽管从内容上来说没有任何意义。

这里仍然涉及随机的问题。我们关于随机的代表性启发不会同意这些特定的关联是随机产生的。道琼斯指数总是在国家橄榄球联合会赢球的时候上升，这其中肯定有某种深层的含义，我们被愚弄的头脑窃窃私语道。因为如果确实是随机的话，那么必须是 50% ： 50% 才合理。有时，国家橄榄球联合会赢球时，道琼斯指数上升；有时，国家橄榄球联合会输球时，道琼斯指数也上升。所有其他情况都不符合我们对随机的设想。这又是代表性陷阱。

那么，是不是所有关联关系都是荒谬的？当然，对此我们还是小心为好。不是所有两个变量之间的统计联系，即关联关系都是随机产生的，背后事实上也经常存在实质性的联系。与上述荒谬的关联关系不同，在这些实质性的联系中，对于特定的关联，总能找到根据。

“异常表现”是一个有些生硬的词汇。如果资本市场上发生了照理来说不应该发生的事，那么这就是一种异常现象，比如复活节假日和工作日效应。聪明的资本市场专家计算出，在“绿色星期四”（指复活节前的星期四，又被称为濯足节，是纪念耶稣那顿最后的晚餐的宗教节日。——译者注），德国股票指数的表现好于平均水平。只在很少的年份，德国股票指数在这一天下跌了。与此相反，复活节后的第一个交易日总是比较差，在这天，股价基本上是下跌的，平均的价值变化明显地比绿色星期四要差。如果确实是这样，那么对股市显然就可以采用“复活节兔子”（一个西方典故，指“能下蛋的兔子”。——译者注）策略，即在复活节彩蛋被藏起来之前赶紧卖掉股票。

类似情况是所谓的工作日效应。工作日效应说的是，多年的平均值表明，德国股票指数在周五表现最好，在周一表现最差。对于德国股票指数来说，这种效应在过去的35年是有据可查的。对于这种效应，在各种文献中能找到的主要是心理学方面的解释。根据这些解释，在周五，投资者由于周末即将到来，情绪比较好，所以处于一种购买心情。如果确实是这样的话，那么“复活节兔子”效应也可以得到解释。如果对周末两天假日的展望都能提高购买欲的话，那么对于即将到来的三天或者更多天的复活节假日，这种情绪就应该更明显了。

这听起来很有道理，但是它很难与不断地被重复确认的资本市场现象相一致。如果这种效应确实存在，并且可以应用于某种投资策略，那么它立即就会消失。因为所有市场参与者都会运用这种效应作为他们的投资策略。如果一位投资者知道了周五或者“绿色星期四”股价会上涨，那么他在周四或者“绿色星期四”前的周三就会购买股票。这样的话，股票价格就会提前一天上升，这种效应就会消失。只要这种效应还存在，人们就必定会思考资本市场理论在什么地方不够正确。这就是一个异常现象。

更少得到解释的是股市的危险月份。人人皆知，10月一直是股市的灾难月份。我们看日历时不得不相信的悲观估计，又与我们对随机性的想象有关。我们的概念是，如果股市危机随机地分布在各个月份，那么，所有月份都应该有同样多的股市危机，或者说股价损失。但结果却不是这样，至少在我们的感觉中，10月显然是一个危险的月份。

所以，在这里，我们关于随机性的概念又一次不符合随机性真实的、混沌的本性。如果危机均匀地分布在所有月份的话，那它就不是随机的，而是系统的了。随机性的本性恰恰在于，这些事件会堆积在某个特定的时点，而在其他时点则很少露面。所以，它们是随机的、不可预测的。由此，我们清楚地知道，以往的秋季危机根本不足以作为依据来说明即将到来的10月也是一个危险的月份。如果说资本市场的危机和股价下跌是随机事件，那么，每个月份都有着同样的风险，不管是金秋还是盛夏，或者是寒冬。当作家马克·吐温确定10月是最危险的月份时，他肯定已经早就认识到了资本市场的这种随机性。顺便提一下，根据统计数据，最糟的股市月份不是10月，而是9月。

总的来说，以上种种依然是我们关于随机性的错误概念。我们在股市中看到了很多的关联关系，这些关系并没有深层的、内在的关联，而纯粹是随机的。但是我们不承认关于随机性的典型概念在这两个事件之间，比如股价和足球联赛之间、汇率和星座之间，只是偶然地运行在一起。但如果我们认为这一切不是偶然的，我们就像骑上了一匹马，它最多只能偶然地到达目的地。

我们关于随机性的错误概念也向我们解释了，为什么我们会认为运动员会有“热手效应”。这种观念会让我们付出高昂的代价。你喜欢篮球吗？

“热手效应”：“这段时间我做什么都能成功”

比尔·米勒是不可磨灭的投资传说之一。他连续15次击败了美国标准普尔综合指数。除他之外，还没有人做到过这一点。然后，在2006年，米勒出现了第一次失误。在2007年和2008年，米勒也输掉了与指数的竞赛。

这少数几年的业绩已经足以让调嘴学舌的股市媒体攻击米勒，给他的基金较低的评分，津津乐道地向他点出他的错误决定（事后诸葛亮当然清楚）。米勒和他的同事们表现得非常倔强。“我们有勇气保持我们的风格。”面对媒体纠缠不休的提问，米勒的女同事玛丽·克里斯·盖这样说道。

米勒是一位被天赋遗弃了的世纪天才吗？如果我们转向一种传统的美国体育运动——篮球，也许就能够比较轻松地回答这个问题。

在很多体育运动中，流传着“热手效应”的概念。根据这个概念，一些运动员会有一个阶段，在这个阶段他做什么都能成功，他会比平常处于更好的状态。“现在他做什么都能如愿以偿。”运动员们这么说。正如在 15 年里，米勒做什么都能如愿以偿那样。确实是这样吗？科学研究者对这种热手效应进行了探究。他们对费城 76 人队在 1980—1981 年赛季的各场比赛以及波士顿凯尔特人队的部分比赛进行了细致分析，并清点了投球数量。他们的想法是：如果一个运动员有一只“热手”，如果他之前已经投中了一次，那么，他再投中的概率会比较高。比如说，如果他的命中率为 50%，那么，在正常的情况下，每两次投掷他能成功一次。如果他现在处于“热手”状态，并且之前已经投中的话，那么，他投中的概率就会大于 50%。所以他常常会接连不断地投中。

研究人员坐在场边，开始计数。其结果是：费城 76 人队的球员投中了一个球后再投中的平均概率为 51%。换句话说，如果一个球员投中一个球后再进行投掷，后者仍是一个纯粹的随机事件。他投中、投不中的概率是相同的。接下来，研究人员检查了一组投中的和未投中的球。存在区别于随机性的、比较长的投中和投不中的序列吗？不，这种序列并不存在。也不存在一个球员的命中率高于平均水平的特别阶段。对各场比赛的研究也表明，在比赛中，投篮手的平均命中率是没有变化的。换句话说，在每场比赛中，球员的表现差不多是同样好或者说是同样差的。他们没有特别的、“热”的或者“冷”的比赛。从统计学的角度来看，“热手效应”是错误的。

球迷们对研究人员的评价倒是不怎么友好，他们认为研究人员不懂比赛，是象牙塔里胡思乱想的人，是只懂理论的滑稽小丑。这些是对这个研究结果的常见反应。但我们为什么不愿意接受“热手效应”

也许只是一个神话呢？很简单，因为我们经常在比赛中看到这种现象。看起来好像肯定是没错的。

关键点在于：人们很容易记住一个序列。如果你抛投一个硬币，并且连续得到 8 次头像，那么这种情况肯定不会被你忽视。在头像和数字平均出现时，情况就不同了。单一的较长序列，能比投中和未投中交替出现的序列在我们的记忆中打下更深的烙印，后者被我们称为“混合的结果”。正是因为我们能够更好地记住单一的较长序列，所以，投掷结果的随机序列迅速获得了非随机的假象。也许我们还可以用另外的方式来看待“热”的球员。这时的未中不是没有投中，而是“差一点”就投中了。而如果一个“冷”的球员没有投中的话，就会被归结为“他现在无论怎么做都不会成功”。

在这里，两个心理上的陷阱交会在一起了。其一，我们拒绝把连续 8 次头像或者 8 次投中看成是随机的；其二，我们又更容易记住这样的连续序列，其结果就是相信有“热手效应”。那么，这与比尔·米勒又有什么关系呢？很简单，可能米勒的手没有它看起来那么“热”。米勒已经连续 15 次击败了标普指数，这还不足以证明他具有超凡能力吗？如果我们联想到热手效应，也许就会说：还不足以。

如同有人偶然地连续 8 次掷出了硬币的头像，米勒也有可能正好偶然地连续 15 次击败了股票指数。但是因为这种情况不符合我们对随机性的定义，所以，我们不禁会认为，米勒是一个好的投资者，米勒的成功是一个特殊的现象。但实际上，这种情况并不是不可能出现的。每年有上千名基金经理和资产管理人在进行投资。年复一年，他们中的很多人跑赢了股票指数。当上千人都在尝试着击败股票指数时，也不难理解其中至少会有 1 人连续 15 次跑赢指数。

如果情况确实如此，那么，凭以前年份的业绩，并不能可靠地预言在今后的年份里米勒也能做到这一点。人们不得不怀疑，米勒是否确实是投资界的一个特殊现象。当然，投资公司也会大肆宣传米勒连续 15 次击败股票指数之事，并且，我们对随机性的定义也让我们不禁想到，这一切只能用“他具有特殊能力”来解释。而关于“热手效应”的实验则让我们注意到，也许米勒只是幸运地、偶然地达成了这一点，他并不是特别好的投资者。你可以简单地想象一下，我们把 100 万只猴子放到一台打字机旁边让它们玩耍。那么，在各种杂乱无章的字母之间，在纸上打出一句完整句子的机会也是相当大的。难道你会认为猴子也会阅读和写作吗？

适用于比尔·米勒的情况也同样适用于整个行业。如果某家银行大肆宣传它们的业绩连续多年好于竞争对手或者股票指数，并不一定能说明什么，也许这只是一个偶然现象。打动客户的东西总是能够被找到的。我们最好不为所动。我们能够从中学到什么呢？

上帝也会掷骰子

“上帝不掷骰子！”这是20世纪的天才阿尔伯特·爱因斯坦对量子力学的反应。在有关最小物质的量子力学中，随机性担任着导演的角色。机械的、事先规定的物质运动不再存在。在量子力学的微观世界里，肆意横行的是随机性。爱因斯坦不能接受这种理论，所以，他把骰子从上帝那里拿走了。也许并不只有他有这种观点。在我们的生活中，很多事情是由随机性，由偶然的单一事件决定的；想到我们的职业、我们的生活轨道、我们的幸福和我们的各种关系不是事先确定的，而是随机的，是非常可怕的。但人们必须习惯它。

毫无疑问，人们沉迷于模型，以至于听任坏人欺骗。你会如何解释以下的游戏？我们给受试者展示包含两种颜色的一个序列：红绿绿绿红……然后让他们猜测接下来将出现的颜色。为了尽可能猜得准确，人们需要了解每种颜色出现的概率。如果人们知道红色出现的概率为70%，那么，就有必要总是猜红色，因为猜对的概率为70%。

但人们也可以遵循另外一个策略，即在颜色的序列中找出一个模型，然后借助模型猜测，或者说预测接下来会是什么颜色。通常，人们会尝试第二种策略。他们会去寻找模型，并且在此过程中被坏人俘获。我们就是不愿意屈服于随机性。

现在，我们不能把孩子和洗澡水一起倒掉。随机性并不意味着我们不是自己命运的主人。才智、锻炼、工作、毅力和其他种种性格特征，这一切构成了我们生活的重要部分。可是，我们也不得不接受这一点，即随机性决定着我们命运的方向。一旦在路口错误地转弯，生活就进入了一个完全不同的方向。

我们也必须这样来想象股市中的随机性。一种投资产品的价格当然取决于它的内在价值。但内在价值之外，还存在随机性的力量，这种力量决定了股票、不动产或债券的命运。一名雇员发明了突破性配方、董事会陷入贿赂丑闻，或者主要出口国出现经济危机导致业务崩溃，这些都是把一项投资引向另一方向的随机事件。如果我们参与股市，就不可避免地要面对这个问题。

我们由此得出的第一个实用结论就是理智的风险管理。如果进行投资的话，就应该常常思考各种可能的情况。如果投资全部亏掉的话，我们个人的财务状况会发生什么变化？我可以允许它发生吗？关于这个问题我们还会再次探讨。在这里，首先要树立起这样的观念，即我们应该经常尝试去思考各种可能的情况。

第二个实用结论就是，不要受模型和法则太多的影响。不是每个模型都是建立在内在联系之上的，不是每个法则都是一种内在联系。在实践中，我们必须注意，很多关联关系可能只是偶然发生的，是我们事后给了它一个貌似合理的诠释。在科学理论中，我们的行为方式正好是相反的。首先，我们考虑一个合理的关联关系应该是怎样的。其次，去探究这种关系是否表现在数据之中。如果反过来，先在数据中寻找关联关系，再对这种关系进行解释，那么就存在被随机性欺骗的危险。如果有谁根本不想给这些发现的关联关系寻找一个解释，那他就是犯了被科学家称为“没有理论的测定”的错误。或者如股市占星学家乌韦·克劳斯描述的那样：

> 这纯粹是一个经验的东西。人们观察它是起作用还是不起作用。

如果这样想，那么股票价格也可以从鸟的飞行或者咖啡废渣中推断出来。

反其道而行之才是正确的。对于所有的股市关联，对于指数和股价表面上的同步关系，以及基金、投资和资产管理公司的排名，我们始终要打一个问号。在这里是否有随机性的影响？你要知道，总有某只基金、某个资产经理会连续多次跑赢市场，但这并不意味着他就是这个行业的佼佼者。对于行业排名，我们还会进一步加以研究。在这里，我们只要明确这样的想法就够了。

俗话说，一燕不成夏。两只或者三只燕子也不会给我们带来较高的气温。对于行业排名和表面上看起来稳固的关联关系，我们始终要用一种怀疑的眼光来看待，要设问：这里是否存在随机性。仅仅知道它是否起作用是不够的，我们还必须思考它为什么会起作用。更重要的是思考它在今后是否还会起作用。因此，我们不得不接受，也许上帝就是会掷骰子的，至少有时是这样。

有时候，随机性甚至还会更刁钻一些。那样的话，在投掷硬币时，出现的就既不是头像也不是数字。问一下科隆第一足球俱乐部的球迷吧。

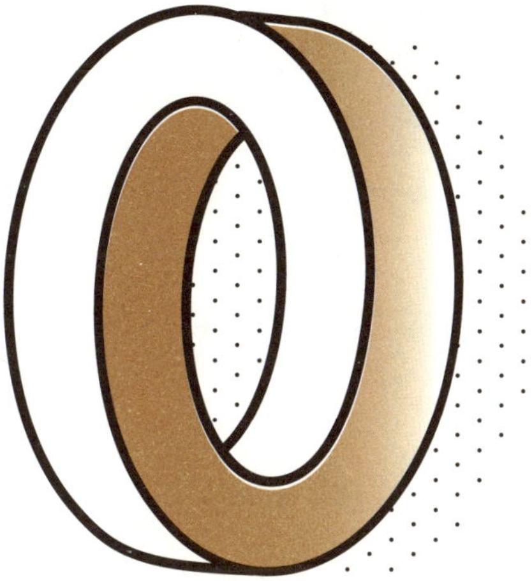

GELD DENKT NICHT

第 3 章　损失厌恶
相比趋利，人们更愿意避害

卖掉赢利的投资，保留亏损的投资，对损失的恐惧使我们至少损失了 4.4% 的利润?

篮球教练更倾向于让薪金高但投中率平平的运动员参加比赛，企业家重新买回他一手创建的濒临破产的公司，投资者继续买进已持有的亏损股票……沉没成本是如何诱惑人们一步步走向失利的泥潭的?

为什么说保本型产品的最佳购买时机是股价冲天时而不是股价下跌时?

损失的痛苦是获利的喜悦的两倍

1965年3月，欧洲冠军杯四分之一决赛：科隆第一足球俱乐部对阵利物浦俱乐部。这也许是俱乐部联赛历史上最发人深省的一场系列赛。在三场比赛中，德国的冠军球队对阵英国的冠军球队。因为前两场比赛以0：0告终，所以，必须增加一场决定性的附加赛。比赛在中立的鹿特丹的一个球场举行。附加赛过后，双方仍然是没有输赢的2：2。现在该怎么办？当时的比赛规则中还没有点球决胜法。

所以，裁判员决定采用最公平的办法：抛硬币。但看起来命运对这种安排并不满意：第一次投掷时，硬币垂直地插入了泥泞的地面。第二次投掷成功了，裁判员作出了有利于利物浦俱乐部的决定。科隆第一足球俱乐部倒霉了。沃尔夫冈·韦伯，这位腓骨骨折后仍然踢完了下半场的球员对天起誓说，第一次投掷，硬币插在地面上时，它是稍稍偏向科隆一方的。

科隆人的惨痛经历可不是足球界的个案。1969年，在欧洲足球锦标赛半决赛取得0：0的结果后，德国裁判库尔特·契恩舍抛了一枚硬币，结果苏联球员不得不让意大利队先行进入欧洲足球锦标赛的决赛。早在足球存在之前，就有抛硬币的传统。在历史早期，人们在决斗时会抛一枚硬币，输的一方必须逆光出场。现在，人们用抛硬币决定一个球队在上半场比赛中用哪个球门。

作为决策方法，抛硬币之所以这样受欢迎，是因为它被看作随机事件的典型例子。硬币落地时，头像和数字朝上的概率在所有的统计书籍中都被说成 50%。教科书没有预先考虑硬币立在地面的情况。如果我们撇开这种很罕见的情况，抛硬币仍是公平的。每个人机会均等，没有人能够占便宜，随机性决定一切。

然而，有时候这一点也会受到质疑。波兰科学家研究发现，比利时的一欧元硬币稍微有些不均衡。如果人们在桌面上转动这种硬币，那么出现头像的次数比出现数字的次数要多。科学家们猜测，这是因为硬币的一面分量较重。其结果是，英国的报纸告诫国家足球队的球员，如果同比利时人“决斗”，不要用比利时人带来的硬币。但《新科学家》（*New Scientist*）杂志的编辑用比利时的一欧元硬币做了实验，其结果并不能证实这种说法。

我们假定抛硬币是一个公平事件，让我们想一想结果。别人与你打赌是头像还是数字。如果是头像，你赢 10 欧元；如果是数字，你输 10 欧元。你准备赌一把吗？被问到的大部分人会拒绝。为什么呢？如果我们运用经济学理论黄金标准之一——预期效应理论，就可以毫无顾虑地参与这场赌局。从平均结果来说，在这场赌博中我们既不会赢也不会输。这是因为抛硬币是一个统计学的经典案例。如果你玩 1 000 次，那么从统计学的角度来看，你会赢 500 次、输 500 次，总的赢利或亏损是 0 。你赢一次就会输一次，结果是不输不赢。

然而，大多数人会拒绝这场赌局，原因可能在于，在扔一次的情况下，他有 50% 的可能会输掉 10 欧元。很少有人愿意扔 100 次，甚至 1 000 次，尽管这样平均起来他就没什么损失了。然而，如果平均起来不输不赢的话，人们也就没有必要来赌这一把了。所以，我们稍稍变动一下赌注：头像朝上，你赢 10.01 欧元；数字朝上，你输 10 欧元。现在你肯定敢打这个赌了。纯粹从统计学的角度来看，这赌局是于你有利的。你赢的钱比输的钱多。

借助统计学，我们来计算一下这场赌局可期待的赢利：50% 的情况下你赢 10.01 欧元，50% 的情况下你输 10 欧元。这就意味着，你在 1 000 次投掷中输 500 次 10 欧元，计 5 000 欧元，但是赢 500 次 10.01 欧元，计 5 005 欧元。所以，参与这个游戏 1 000 次，你就赢了 5 欧元。

为什么你还会自愿放弃这 5 欧元呢？实验和研究报告表明，对于大多数人来说，只有当他们可能赢取的比可能失去的多 1 倍时，他们才会参与这种硬币赌局。也就是说，头像朝上赢 20 欧元，数字朝上输 10 欧元。对于大多数人来说，这种赌局才是可以接受的。

人们对损失有恐惧感，这是一个值得注意的发现。**损失带来的痛苦要双倍于获利带来的喜悦。**这是期望理论的核心思想之一。期望理论是预期效应理论的心理学的反面。它搅乱了一些关于决策行为的传统经济学思想。按照期望理论，人们有着完全自主的对待赢利和损失的方式。如果期望理论的思想正确的话，那么，它对人们的行为，特别是对他们的钱包就有着很广泛的影响。不仅仅是人类，鸽子也倾向于这种行为。361 号鸽子除外。

361 号鸽子，动物界的投资大师

361 号鸽子是科学家用来开恶意玩笑（当然，是用科学的名义）的 4 只鸽子中的 1 只。他们把鸽子关在一个木棚里，并在木棚里安装 3 个按钮。鸽子们可以啄这几个按钮。如果它们啄那个带大写字母 X 的按钮，就会有食物从一个出口中放出。但是，科学家不会让鸽子们这么简单地得到食物。在得到奖励前，鸽子必须多次啄 X 按钮。为了得到食物，鸽子每次需要啄X按钮的次数还不相同。啄10次，喂食口打开的概率为50%；啄40次，喂食口打开的概率为25%；啄80次或160次，喂食口打开的概率均为12.5%。饥饿的鸽子不能确定，它们需要啄多少次才能得到食物，因为次数是由随机性决定的。

现在，这些鸽子如同人类，希望尽可能少地劳作。所以，科学家把可能性给了这些带羽毛的实验对象，让它们的生活变得简单一点。如果一只鸽子在啄了X按钮10次之后还没有食物出来，那就意味着它至少还要啄30次，才有可能得到食物。如果还得不到，那就要啄更多次。最糟糕时，它甚至需要再啄150次。但因为在50%的情况下，它只需要啄10次就可以得到食物，所以，最佳的策略就是中断努力、重新开始。科学家把这种机会提供给了鸽子：如果鸽子啄右边的按钮，所有灯光就会短暂熄灭，一秒钟后，鸽子就又能够重新啄X按钮，并且有希望在10次叩啄之后就能得到食物。所以，右边这个按钮就是一个重启键，让实验重新开始。

这些带羽毛的动物"投资者"的总体实验情况是这样的：它们开始啄X按钮，在一半的情况下，在10次叩啄之后就得到了食物。如果10次叩啄之后食物没有出来，那么它们至少还要继续啄30次（假如不是更多次的话）。多么令人不爽。在这种情况下，它们最好是啄重启键，然后从头开始游戏，那么叩啄10次之后得到食物的机会还是50%。从纯粹统计学的角度来看，在叩啄10次后中断，啄重启键，然后重新开始，这是最佳的选择。但这些鸽子会这么做吗？

不，除361号鸽子以外，所有鸽子都出错了。所有鸽子都一直啄到精疲力竭。它们没有意识到，最好是在叩啄10次后就啄重启键，重新开始。361号鸽子做得几乎完全正确。它认识到在叩啄10次后，重新开始更为有利。如果人们用第三个键给这些鸽子一个灯光信号，情况就不同了：如果在10次叩啄后没有食物出现，那么，第三个键就会亮起。

同样，在40次或者80次叩啄后，第三个键也会亮起。这下子，鸽子理解了。一旦按键亮起，它们就啄重启键，然后从头开始。没有这个视觉上的帮助，这些鸽子就会一直痛苦地啄到160次，但361号鸽子除外。因此，361号鸽子可以成为好的投资者。

为什么这么说？在我们回答这个问题之前，我们再做一个更进一步的、有些令人难堪的实验。现在，我们用大学生来代替鸽子。

当然，不是给食物，而是给5分欧元。大学生被安排坐在一台计算机前，连续不断地按“L”键和“Enter”键，直到得到5分欧元奖励。但大学生们不知道在得到5分欧元之前要按多少次键盘。通常情况下，按10次之后得到钱的概率为50%；按40次得到钱的概率为25%；按80或160次键后得到钱的概率均为12.5%。现在，如果将这场实验与鸽子的实验作比较，那么，你会确定，其结构和鸽子实验是完全一样的。只是用“按键”代替了“叩啄”，用“5分欧元”代替了“食物”。同鸽子一样，大学生们同样有可能通过按“K”键和“Enter”键来重新开始。对他们来说，如果在按了10次“L”键和“Enter”键之后还没有得到钱的话，最好中断游戏，重新开始。他们会这样做吗？

真是遗憾，大学生的成绩并不比鸽子好。作为投资者，如同鸽子一样，也许所有大学生都赔了很多钱。只有361号鸽子有可能在法兰克福谋到一个资产管理人的职位，因为只有361号鸽子没有成为“沉没成本”的牺牲品。在这场实验中，究竟是哪里出错了？

只要稍有经验并且稍加思考，我们就能知道，最好的策略是在10次尝试之后中断游戏，重新开始。为什么大家都不愿意中断呢？一种可

能的解释是因为我们都想努力避免损失。连续叩啄或者按键 10 次，已经投资了一定的时间和劳动。现在这些都要变为徒劳吗？如果人们在 10 次按键后中断游戏，那就是承认那 10 次劳动白白浪费了，就是承认自己遭受了损失。我们不想要这种损失，我们想要避免它。

想一下前面的抛硬币的实验，在那时人们也是想避免损失。所以，大学生们会继续按键。这就是“沉没成本效应”,它有些草率地被译为“不浪费任何东西的谬误”。**我们错上加错，只是因为想避免损失，因为不愿承认自己犯了错。只要继续坚持我们原有的计划，我们就会让自己产生幻觉，觉得我们没有做错什么事。**

一个人，只要他曾经等过公交车，并且遇到过是继续等待、还是选择步行或者打车的选择，他就可能犯过这样的错误。是什么阻碍一个人选择步行呢？还是这种观点：现在我已经等了这么久，如果我改为步行的话，一切就都白费了。人们不好意思承认等了很久的车是一个错误，也就没有立即改为步行。这流逝的等待时间已经失去，人们想要避免这种损失。所以，我们继续待在站台上，等待，等待。

从经济学的角度来看，这种行为方式是错误的。如果人们认识到已经犯了一个错误，那么，就应该纠正这个错误，而不能顾忌迄今为止已经投入了什么。另外的一个例子更加说明了这一点：

> 假设你是一家飞机制造公司的总裁，你必须作出决定：公司投入了 1 000 万美元，用于研发一种隐形飞机。当项目完成 90% 的时候，一个竞争对手已将同样的飞机投放市场，并且比你公司将要生产出来的飞机性能更好、价格更便宜。那么，你是应该继续投入最后的 10% 的项目研发费用以完成这个项目呢，还是应该提早结束这个项目？

你如何决定？大多数被提问的受试者都主张应该投入最后的 100

万美元，把项目完成。从企业经济学的角度来看，这是非常荒谬的。如果你已经知道这个项目绝对不会有成功的希望，那么，你就应该立即终止它，不管到目前为止你投入了什么。你不这么看吗？那我们再问另外一个问题：

> 假如你是一家飞机制造公司的总裁。一位员工建议投入 100 万美元来开发一架隐形飞机。但一位竞争对手已经开始将同样的飞机投放市场。并且可以预见到，它的飞机性能更好、价格更便宜。你会将资金投入这种飞机的研发中吗？

现在你倾向于投入这 100 万美元吗？肯定不会。可是，稍加比较之后你就会发现，这实际上同第一种情况一样：你应该将 100 万美元投到一个没有成功希望的项目里吗？最好不要。只是因为你已经在这个项目里投入了 900 万美元，就应该再毁掉最后的 100 万美元吗？这没有什么意义。

这正是“不浪费任何东西的谬误”。我们倾向于继续投资，只是因为我们已经投入了资金。**但终止一项投资或者一个项目的决定，不应该受到目前为止我们投入了什么的影响。**如果你认识到，资金损失了，项目失败了，那么，你应该毫不犹豫地立即终止项目，而不要去管已经投入了多少钱。在错误的基础上再投入新的资金，不会改善你的收入。

“不浪费任何东西的谬误”会让你损失更多

> 这种效应的受害者是一个小男孩。他在 12 岁的时候被父亲逼迫去听歌剧《鲍里斯·戈杜诺夫》。这是一部由莫德斯特·穆索尔斯基根据普希金的同名剧本创作的四幕歌剧。初稿完成于 1870 年。对于大多数 12 岁的孩子来说，《鲍里斯·戈杜诺夫》是一部相当难

懂的作品。为什么这个 12 岁的孩子会被他的父母派去歌剧院呢？很简单，因为这个家庭有一张预订的长期票，总得有人把这张票用掉，对吧？那么，这样做正确吗？或者，这就是一种“不浪费任何东西的谬误”？

很多年后我才知道，为什么我会被送去看这部歌剧。

两位科学家在一项实验中很好地解释了这种现象：他们出售戏剧的预订长期票给三个不同的实验组。第一组支付 15 美元，第二组支付 13 美元，第三组支付 8 美元。你猜发生了什么？为他们的长期票支付得越多的人，越经常去看戏剧。原因很清楚，他们已经买了贵票，就应该多去看剧。

从经济学的角度来看，这应该又是错误的。人们已经为这个剧院的长期票付出了金钱。现在，他们对那里的某场演出，比如说《鲍里斯·戈杜诺夫》不感兴趣，但他们不承认购买长期票是个错误的主意，不甘心待在家里度过今夜，而是费心地到歌剧院去，看一场不愿意看的歌剧。由此，他们加倍放大了自己的成本，在购买长期票的成本之上，又加上了他们并不愿意但还是在剧院度过的那个夜晚的时间成本。错上加错。

在经济学中，正确的做法应该是，让票归票，剧归剧。或者，应该选择更“聪明”的办法，让 12 岁的儿子去剧院享受这个夜晚。这样，大家的内心就不会不安了，因为票没有被浪费。

我们随处都可以发现这种效应。研究报告表明，篮球教练更倾向于让薪金高的运动员投入比赛，无论他们是否真的是球队的得分手。不管怎么样，总要对得起花出去的钱，不是吗？如果教练让一个薪金高的运动员坐冷板凳的话，观众就会不满。即使教练知道让这个球员坐冷板凳是正确的决定，他也得能够成功地向董事会和球迷兜售自己的想法。如果他估计自己不可能成功说服董事会，那他就会提早乖乖地让薪金高的球员较多地投入比赛。

“不浪费任何东西的谬误”在政治上也有意义，因为这种效应还有一个名字：协和效应。它是根据协和号超音速飞机命名的。早在协和号飞机第一次升空前，人们就已经很清楚这个项目的财务前景是不容乐观的。尽管如此，这个项目还是热火朝天地被向前推进，花费了纳税人大量的钱。主管项目的政府官员已经投入得太多了，以至于无法终止这个项目。这也是“不浪费任何东西”。

估计政治家们不仅仅是担心投资损失，也担心在公众面前丢脸。如果终止项目，浪费到目前为止所有的投资，那么整个世界，特别是自己的选民就会清楚，这些政治家做了一件蠢事。所以，他们宁可继续将纳税人的钱倒入超音速飞机的黑洞，以保住自己的脸面。政治家应该感到羞耻。研究人员使用“协和效应”这个概念，其内容与“不浪费任何东西的谬误”完全一致。

这个谬误的另外一个要点就是与个人的相关程度。研究人员发现，与从他人手里购买一家企业的经营者相比，自己创建一家企业的企业家会更多地对这家企业进行扩建。谁创立了一家企业，他就同这家企业有了个人的联系，他就会觉得自己要对此负责，就会对企业给予更多支持。对此，有足够的事例显示，以前的所有者倾向于买回他濒临破产的公司。“不浪费任何东西”，特别是如果你个人也被卷入其中的话。

传统经济学认为，**人们在作决策时不应该以过去为导向，而应该只以将来为导向。起决定作用的只能是这个决策能改变的东西，而不是不再能够改变的东西。**但大部分人在作决策时往往会考虑已经投入了什么，他们总是抱着错误的希望不放。在这方面，最为极端的例子就是：

你花了100美元订了一次前往密歇根州的滑雪之旅。一周后，你又花50美元买了一张威斯康星州滑雪之旅的票。并且你知道，威斯康星州的滑雪之旅会比密歇根州的滑雪之旅更有意思。可惜，一周后你得知，这两张票只在同一个周末有效，也就是说，你只能参加其中的一个，另一张票只能作废。你会决定参加哪个？

基于之前的阐述，你不会感到惊奇，有一半以上的被访问者宁可前往密歇根州，尽管他们知道在威斯康星州他们会获得更多乐趣。他们的想法是，如果他们前往威斯康星州的话，损失的就不是 50 美元，而是 100 美元了。这又是“不浪费任何东西的谬误”。

这种错误也潜伏在我们的投资行为中。这方面的经典例子就是那些灰色资本市场的秃鹫们。这是金融行业中，在传统的、受调节和控制的银行和股市世界之外的领域。它们是欺诈性的银行担保业务、不可靠的隐性参股或者无利可图的封闭基金。用税收优惠（你真的愿意送钱给国家吗）或者很高的利润（银行把我们所有人都当成傻瓜。与银行提供给我们的机会相比，你有机会挣更多钱）作为诱饵，整个过程都是基于心理学而设计的。

灰色资本市场的欺骗者们常常利用人们的损失厌恶心理以及由此产生的“不浪费任何东西的谬误”。其过程很简单：通常用“不要送钱给别人”的口号来引诱投资者参与业务。经常使用的是税收优惠。谁愿意白白送钱给国家呢？如果不采取措施的话，就会失去本来可以得到的钱。然后，一旦上了金融市场奸商们的钩，投入了一部分钱，效果就会加码：“现在你已经投入了这么多的钱，你愿意让一切都付诸东流吗？”电话铃铃作响，让可怜的投资者备受折磨。在这里，又加上了“不浪费任何东西的谬误”。

如果你已经投资了猪肉的期货合约，只是因为现在市场处于艰难的阶段，就应该放弃吗？那样就意味着损失变成了现实，迄今为止的所有投资都将付诸东流。因为人们不愿意这么做，所以他们就得继续投资。

金融市场的奸商们继续从他们的钱包里掏出欧元，而它们将一去不返。

这种谬误在股票市场也起作用，在那里，其术语为“增持”。其过程大致是这样的：你以100欧元的价格购买了一家B2B网络科技公司的股票。在短暂的上涨后，这家公司的股票价格下滑到了20欧元，这真让人愤怒。实际上你现在亏损了80欧元，但你当然不愿意承认。还是这种情况，人们不愿意承认错误。

现在，有两种可能：第一种可能，你把股票卖掉，承认80欧元的损失，并发誓今后再也不碰这类股票。第二种可能就是增持。你是这样想的：如果这家B2B网络科技公司的股票从20欧元重新上升到了60欧元，那么你还是有40欧元的亏空。如果你现在以20欧元的价格增持这家公司的股票，当这家公司的股票价格上升到60欧元时，你第二次购买的股票会有40欧元的赢利，综合起来你就可以不赚不亏地退出这笔交易。增持，听起来不错。不是吗？

问题的关键在于，你在多大程度上肯定这只股票将会重新上涨到60欧元呢？完全肯定？确定是这样吗？或者，你在这里只是满心疑虑地想通过投入更多的资金，来尝试拯救已经失去的资金？如果你第二次购买的动机只是因为已经拥有第一次购买的股票的话，那你就又上了“不浪费任何东西的谬误”的当了。

面对这种情况，你需要问的唯一正确的问题是：**如果你现在没有拥有这家公司的股票，你还会购买它的股票吗？**如果你对这个问题的答案是否定的话，那你就不应该染指此事。并且，你还应该把你持有的股票也卖掉。你为什么要持有这样一只你不会购买的股票呢？

总的来说，正是我们对损失的恐惧，加上对一致性的渴望，使我们追加投资。因为，只要我们这么做，我们就不必承认损失，我们就不用被迫面对损失给我们带来的痛苦。在前面的内容中，我们已经知道，这种损失带来的痛苦比赢利带来的喜悦要强一倍。这也是我们会在有疑虑的情况下让错误继续发展的原因。科学家们称之为“处置效应”。这听起来很科学，也很复杂，但实际上很简单，并且昂贵。

处置效应：人们为何卖掉赢利的、保留亏损的？

让我们来看看下面的问题：

> 你拥有两只股票：股票 A 是你花 100 欧元买的，现在值 50 欧元。第二只股票 B 也是你花 100 欧元买的，现在值 150 欧元。可惜现在你必须支付 50 欧元的电费账单。你需要钱，但你又没有现金，你不得不出售这两只股票中的一只。你该卖哪只股票呢？

如果你本能地回答会出售赢利的股票 B，那么，你就同大多数人一样了。通过进一步观察，我们发现这是不合理的：你出售的是你正在赢利的股票，却保留了亏损的股票。为什么？估计还是因为对亏损的恐惧。一旦你出售股票 A，你就会面对一个损失，这是你最不想面对的。所以，你出售股票 B，而不是股票 A。

科学家赫什·舍夫林和迈尔·斯塔特曼把这种效应命名为“处置效应”。投资者大多倾向于“售盈持亏”。基于损失厌恶，当存在避免损失的选项时，投资者愿意承受更大的风险。想到会把账面损失变成实际损失，想到要向税务局、向自己，最糟糕的是向伙伴承认这种损失，投资者就会变得更愿意承担风险，因而紧紧抓住亏损的股票。

通过对美国折扣券商的 1 万名客户的调查，经济学家特伦斯·奥丁对处置效应进行了追踪研究。首先，他计算出折扣券商的客户出售了多少获利的股票。其结果是，他们出售了大约 15% 的获利股票，也就是说，每 7 只获得账面利润的股票中就有 1 只被出售了。与此相反，在亏损的股票中，只有10%的股票被出售，其余90%还被保留在股票组合里。从统计学的角度来看，如果我们假定投资者在出售获利股票和亏损股票时没有什么区别的话，那么这两者之间实际上存在这么大的区别绝不是偶然的。

现在我们能够很好地解释这种交易了。有些人认为，投资者基于共同的信息来进行交易，他们的卖出行为相互影响，更多的是从众行为。为了排除这种认识带来的影响，奥丁对每个账户的交易分别进行了研究。他只考虑在一周前或者一周后没有其他卖出行为相伴的那些交易。由此，那些基于从众心理或者股市趋势而进行的卖出行为就被排除了。统计结果并没有因此而改变：投资者还是“售盈持亏”。

另外一种解释是，这种交易行为是一种技术性论点。如果投资者想要保持资产组合中各种股票的固定比例，那么他们必须出售获利股票。我们假定，某个投资者拥有两家公司各10股股票。我们称之为股票A和股票B，这两种股票的每股价格都是50欧元。由此，两家公司的股票在这个投资者的资产组合中保持1∶1的比例，即各占50%。这也是他的目标。

现在，股票B的价格从50欧元上升到了100欧元，它的总价值是10股乘以100欧元，等于1 000欧元，而股票A的总价值始终是10股乘以50欧元，为500欧元。现在，他持有的这两家企业的股票价值比例变为1∶2，资产组合中股票B的价值增长了1倍。如果他想继续保持1∶1的股票比例，那么，他就必须出售股票B，并且是出售5股。这样一来，他有10股股票A，单价50欧元，总价500欧元；还有5股股票B，单价100欧元，总价500欧元。现在，这个投资者在他的资产组合中重新实现了1∶1的比例，即股票A和股票B的比重一样，各占50%。

如果投资者想使股票在资产组合中保持固定权重，那么他们会被迫出售获利股票。这是对投资者出售获利股票这种现象的一个合理解释吗？为了对这种想法进行考证，奥丁只研究了那些股票清仓的交易行为，也就是说，只研究了投资者想完全抛弃这只股票，而不是想改变股票权重时的交易行为。其结果依然没有改变：投资者更愿意出售获利股票，而不是亏损的股票。

还有一种观点认为，人们持有亏损的股票，是因为他们期望这些股票在未来能够击败获利的股票。这种想法被称为“均值回归”。根据这种观点，现在下跌的股票在将来的某一天肯定会重新上涨，而现在上涨的股票则会回落。

折扣交易商那些账户的数据证明了这种观点是不可靠的。至少在一到两年的时间段内，被出售的获利股票的业绩仍然明显好于被持有的亏损股票。粗略估算，如果考虑出售亏损股票的税收好处，这个处置效应给投资者造成了 4.4% 的利润损失。

回到我们的话题：**对损失的恐惧使我们卖掉了赢利的股票、保留了亏损的股票，这种交易行为大约使我们损失了 4.4% 的利润。这就是我们为损失厌恶付出的代价。**

所以，我们不是在扩大利润、限制损失，而是在限制利润、扩大损失。

心理学家托马斯·季洛维奇用一个生动的比喻诠释了这一点。设想一下，你的投资是一些船，你驾驶着这些船驶往退休的彼岸。但在这些船到达退休的彼岸之前，你放弃了那些被证明适于航行的船只，而把希望寄托在修复那些破船上。

没有任何一个水手会这么做的，但相反，投资者会这么做。还是出于同样的原因：对损失的恐惧。损失厌恶也许解释了为什么被称为“保本产品”的金融产品能取得成功。行家们是用非常复杂的感情来看待这类产品的。

为什么要在大牛市时购买保本产品？

有些事情取得了令人难以置信的成功，但你无法真正明白这是为什么。比如，所谓的保本产品。这是指那些保证投资者至少能拿回所投入的本金的投资产品。哪怕金融市场毁灭了，人们也至少能拿回投资的本金。大致说来，这类产品的规则都是一样的：这类产品的销售者承诺投资者在一定的期限后至少可以收回本金。作为回报，投资者放弃这种投资产品带来的一部分利润。

比如，你购买了一种与德国股票指数挂钩的保本产品。此产品规定，在 5 年后你至少能够收回投入的本金。但作为回报，在股票指数上涨时，你不能得到价格上涨带来的全部赢利，而只能得到限定的一部分。比如说，在这 5 年里，德国股票指数上涨了 30%，你只能得到 25%。差额部分是你为得到这个本金保证要作出的牺牲。这是一种很好的交易吗？

大部分行家认为这类产品不是一项好的交易。为什么？因为大部分人只有在股价处于低位，即股价继续下降的风险已经很小的时候才会去购买保本产品。这就好比在倾盆大雨之后去购买雨伞。实际上人们应该在股价一飞冲天时去购买保本产品。但是又有谁这么做了呢？毫不奇怪，银行愿意销售这种产品。如果它们在股价急速下跌后销售这种产品，其承担的风险是相当小的。客户以费用或者放弃利润的方式支付大量成本，得到的却是一个不需要的承诺。通常，这种产品设计得相当复杂，以至于客户很难理解这种产品到底是如何起作用的、他们的成本是什么。

投资者在某个特定时刻对保本产品的需求也许是源自处理信息的方式。人类倾向于接受最新的、醒目的信息。所以，当股价损失和“金融大屠杀”之类的消息占统治地位时，由于它们的现实性和奇特性，投资者会过高估计他们的进一步投资风险。正如在股价上升时，他们会过高估计机会、过低估计风险一样。

这是一种我们已经认识到的现象：**我们只接受那些能证实我们的估计的信息，而淡化其他信息。**再加上损失厌恶：谁想防止损失，就购买保本产品，它绝对不会亏损。

也许你没有购买保本产品，那你就能对损失厌恶免疫吗？不一定。一些产品，尽管不叫这个名字，实际上也是保本产品。比如说投资型人寿保险，它承诺投资者至少能收回投入的资金，再加上一个保证的利息。在这里，诱惑客户的还是避免风险的前景。投保的客户根本不清楚这项承诺到底有多么昂贵。

类似的情况也适用于债券。如果购买了债券，你也应该想一想，自己是否受制于损失厌恶。如果购买债券，你就放弃了股票向你“招手”的利润。当然，债券也是资产组合的一个重要组成部分。但如果谁在 30 岁的时候就将他的全部资金投到债券或不动产，或者人寿保险上，那他就放弃了股票能够带来的大量利润（至少是统计数据上）。

股票肯定能比债券带来更多的收益吗？理论上是这样，因为股票比债券更具风险。为了补偿这些风险，从长期来看，股票必须带来比债券更高的收益。经济学家将这种更多的收益称为“股权溢价”，也就是股票溢价或者赢利优势。这听起来相当明白易懂，但在过去，经济学家曾谈论股权溢价之谜。为什么呢？因为在当时，科学家认为，从历史的角度来看，股票投资者因其承担的高风险而获得的额外报酬太高了。

过去，相对于债券，股票的赢利优势按照地点、时间段和资料的不同大致为 4% ~ 8%，在欧洲为 4% ~ 6%。比如，如果在 1926 年投资 1 美元到美国股市，那么，扣除通货膨胀因素后，在 2000 年大约能收回 266 美元。同样的美元，在同样的时点，如果投资于美国国债，扣除通货膨胀因素后，只能得到 1.71 美元。这就是股票的赢利优势。你是不是觉得这有些夸张了呢？不仅是你，连经济学家们也这样认为。根据标准的理论，人们充其量只能解释 1% ~ 1.5% 的赢利优势。而实际的赢利优势是如此之大，以至于人们只能假定投资者有一个不合理的风险厌恶，才能对此进行解释。

传统经济学理论是无法解释股票实际赢利优势的。解开这个谜的一种可能就是损失厌恶。如果投资者经常检查他们的投资，比如说每年检查一次，这种损失厌恶就会加强。如果投资者每年，甚至每周都看一下他的投资的话，那么他在股票交易活动中就会经常看到损失，因为与债券相比，股票的价值起伏更大一些（这正是人们要求更高收益的风险所在）。但如果与赢利相比，投资者更看重损失的话（如我们已知的，与赢利相比，投资者双倍地看重损失），那么，他们就会要求一个相应的高风险溢价。

所以，如果投资者过于频繁地检查资产组合，股票溢价之谜就可以得到解释了。因为在他的资产组合里，与债券相比，他自然会在股票那里更多次地看到损失。由于他们的损失厌恶，这种损失还会被过度估量，所以，他们会要求一个较高的补偿，这就是股票溢价。

从心理学的角度来看，这个问题是这样的：虽然从长期来看，股票比债券赢利更高一些，但在我们的感觉中，它们的风险更大，因为我们太过频繁地查看持仓中的股票，了解股价波动的结果。再加上我们厌恶风险，以至于损失带来的痛苦双倍于利润带来的喜悦，所以，与理论观察相比，我们会要求更高的股票溢价。

如果这种看法正确的话，那么，就有一个简单的对策。**不要过于频繁地查看你的投资，要相信，长期来看，股票会带来明显高于债券的收益。**并且，你也要进行长期投资。从我们对损失的厌恶中我们能学到什么呢？我们的银行在这方面能够怎样帮助到我们呢？

为了减小损失，忘掉沉没成本吧！

通常情况下，人们期望银行提供尽可能多的服务：热情的接待、五颜六色的小册子以及更多优惠信息。但有一家以色列的银行则正好反其道而行之：他们减少为客户提供股票投资状况信息的次数。人们可能会认为，很多客户会觉得这样不是特别好。但大量的实验结果证实了，这家银行用这种方式给客户提供服务是正确的。让我们来看一个实验。

实验开始时，参与者拥有 100 单位的测试货币。他们能够在多轮的游戏中用这些货币进行投资。有两种可能：一是什么都不投资，但那样的话他们得不到利息。二是他们可以把部分货币投入彩票。这样的话，他们有 1/3 的概率可以让投资翻倍，但有 2/3 的概率失去这些货币。现在，参与者有 18 次机会，来决定是把他们的货币放到枕头底下（相当于什么都不投资），还是投入具有风险的彩票中（相当于投资股票）。

在这场实验中，起决定作用的是两个由研究人员掌握的要素。

第一个要素是，他们变动告知参与者投资账户状况的次数。参与者或者在每轮游戏时都被告知他们现在还有多少钱，或者每三轮被告知一次。

第二个要素涉及改变投资策略。在每轮游戏开始时，部分参与者可以重新决定是否应该用部分资金去冒险，而其他的参与者只能在三轮游戏后重新决定他们是否投资。

实验的结果非常明确：如果参与者在一个比较长的时期里进行投资，也就是每三轮才重新决定是否冒一些风险的话，他们就比较愿意承担风险，同每轮都能重新决定的参与者相比，他们会更多地投资彩票。同时，参与者账户状况被告知的次数也起着作用：如果他们是每三轮被告知一次，那么，与每轮都得知还有多少钱可供使用的其他参与者相比，他们更愿意承担风险。也许当这家以色列银行削减服务、减少告知客户投资状况的次数时，心里就在想着这个实验。

这个实验传递的信息很清楚，这也是我们从损失厌恶思想中获得的第一个教益：当投资者不是那么经常地知道他们投资的状况时，他们会更愿意承担风险，投资更多。对银行来说，当然就意味着会有更多业务。这对投资者也可能是一件好事。因为如果他忍受太大的损失厌恶之苦的话，他就会投资得太少。

如果我们只有二三十岁，那么就不可避免地应该投资于一些较高风险的资产。仅仅有储蓄存折对于退休养老是不够的。如果我们只是因为过于畏惧风险而让我们的资金烂在收益微薄的储蓄账户的话，少一些信息可能还是好事；如果不是每天都偷看账户结算单的话，我们显然就更能接受为晚年多冒一点风险的想法；如果考虑 20 年或 30 年的时间段，那么就不需要为风险担忧；如果有这样一个长远的视野，我们也不必购买保本产品。当然，越接近退休，风险越大；需要使用投资款的日子越近，就越应该减少资产中的风险。对此，有很多在这种情况下应该运用的策略。总之，越少查看资产组合，退休时拥有得就越多。

我们从损失厌恶思想中能够获得的第二个教益就是，我们太缺乏勇气来承认自己的错误。所以，我们太长时间地持有亏损的投资，而不是决定卖掉它。这是一个经典的心理陷阱。为了降低损失，我们会继续购买，并由此进一步扩大了损失。对于亏损的股票，我们持有的时间太长了。在这里，严格的自我约束对你会有帮助。你可以考虑在某个价位上卖掉所有相关投资。这在某种程度上可以说是水位标记，或者叫止损价格。它告诉你，这里有些不对劲了。一旦到达这个标记，自动售出。

这可以通过所谓的“止损委托”来做。你告诉银行，当某只股票跌至某个价格时自动售出，没有什么疑虑和异议。每个“也许这只是一次暂时的低迷”，或者“我再等它一个月”的想法，也许只是因为我们的脑袋不愿意接受损失。你对投资账户查看得越少，就越能在不知不觉中自动结束可能给你带来损失的交易活动。

第三个教益是，不要经常看单一的投资，而应该看整体的资产组合。不要经常去看陷入泥沼的那只股票，而要看所有投资的总数。这才是决定性的参数。

然后面对“不浪费任何东西的谬误”我们能做什么呢？这个谬误存在很大诱惑，引诱你通过续购继续持有。在最糟的情况下，通过追加投资来拯救一个失败的投资。在这里，能够帮助你的是忘掉你的购入价格，忘掉你已经投入了多少钱。当你考虑是投资还是结束这笔业务时，你必须提出的唯一正确的问题是：如果我今天第一次听到这件事情，我会作这笔投资吗？如果你正考虑是否应该继续买进，以弥补到目前为止的亏损，那必须提出这样的问题：如果我的资产组合中没有这只股票，我会购买它吗？如果对这个问题的回答是“不会”，那么，你就没有任何理由加仓，不管你已经白送了多少钱。所以，你应当尝试这样来观察每一项投资（不管是什么），就好像你一无所有，完全是从头开始一样。忘掉过去。这种思想完全符合不要太过频繁地去研究你的资产组合的观点。你做得越少，就越会忘记你的购入价格，也就越不会陷入那种“只是因为已经投了这么多钱，才要续购”的陷阱。

对于经济政策来说，人类对损失的厌恶有一个小小的安慰作用。这种厌恶效应有助于降低金融市场的价格波动。当股价下跌时，投资者会对出售亏损股票犹豫不决，而出售亏损股票是会导致股价进一步下滑的。厌恶效应会使得股票下跌的趋势稳定下来。相反，当股价大幅上升时，投资者倾向于卖掉他们获利的股票，而这会化解股价上升的趋势。实际上，很多行家说，在资本市场危机时，私人投资者的反应比专家更谨慎。这一点或许可以通过处置效应来解释。如果股价下跌，私人投资者持有他们的亏损股票；如果股价上升，私人投资者出售他们的获利股票。与此相反，行家们必须经常迅速作出反应，随整体市场状况而动。相对于个人投资者，行家们有一个劣势，他们必须始终在投资者面前证明自己，这经常会将他们置于交易压力之下。而一个私人投资者只需要对自己负责，这就使他们更容易静观其变，坐等股价下滑直至最终止跌。

当然，“行家不易受损失厌恶的侵蚀”这种想法也是不正确的。德莱斯顿投资银行的克莱姆沃尔特·本索在一份研究报告中询问行家，面对以下情况时，他们会怎样做：

> 如果抛出头像时他们要付 100 英镑的话，那么抛出数字时他们要赢多少才会参与这个抛硬币的游戏？

这是我们在一开始就提出的经典的抛硬币问题。其结果是，行家的平均要求是赢 190 英镑，他们才会参与这个赌局。这与我们的发现非常相符：人们面对损失的痛苦比获得赢利的喜悦要大 1 倍。显然，对损失的恐惧在行家面前也没有例外。值得强调的是，我们在这里说的是专业的资产管理者，他们通常都为私人投资者和大机构管理数以百万计的资产。特别让人不解的是，居然还有几个行家对少于 100 英镑的赢利感到满足。在抛出头像时他们输 100 英镑，在抛出数字时只赢 50 英镑？真是让人深思。所以，这份研究报告的作者嘲笑说：“在这些年轻人那里，连我都能赢钱。”不是每个自称行家的人都是真行家。现在，让我们用鄙视的眼光看一下另外一个行家：一个相当吝啬的行家。

GELD DENKT NICHT

第 4 章　相对性效应

亏了还是赚了？全在于你的“感受”

一级方程式赛车手迈克尔 · 舒马赫特意从瑞士开车到德国去购买便宜的果酱。正因为重视每一笔钱的绝对价值，而忘记自己拥有几百万欧元的资产，才成就了这位“吝啬的百万富翁”？

你知道信仰上帝的好处到底有多大吗？

那些“吝啬”的富翁们究竟在意什么？

英格瓦·坎普拉德很喜欢讲述他十来岁时，在艾尔姆胡尔特市将装在塑料袋里的胡萝卜种子卖给当地农民的故事。坎普拉德有书写和阅读方面的困难，他勉强上完了实验小学，接着在哥德堡的一家商业中学上学。在那里，他很快因为追求漂亮姑娘而出名。当然，真正让坎普拉德变得全球知名的不是这种嗜好，而是一种叫比利的书架。它的价格为 30 欧元，80 厘米长、28 厘米宽、202 厘米高，底部的最大承重量为 30 千克。比利是坎普拉德创立的瑞士家具店“宜家”的雏形和基石。正是宜家家具店使坎普拉德成了富翁。

在瑞典，坎普拉德之所以出名，不仅是因为他发明的书架，还是因为他的吝啬。这位家具公司创始人的吝啬故事广为流传。坎普拉德的节约充分体现在了细微之处。据说，他寄的圣诞卡是用上一年的旧卡翻新而成的；他开的汽车是一辆旧沃尔沃；在旅行前，他会在网上搜索很长时间，直到找到最便宜的机票。有时候，他还乘坐火车出席新闻发布会，当然用的是对老年人优惠的折扣票。他总是在商场关门前去购物，因为生鲜产品在这个时候会打折。还有一个他自己不承认的故事：入住一家宾馆后，他会在第二天清晨跑到超市，购买便宜的可乐，以便填补他前天晚上从小冰箱里拿出来的非常昂贵的可乐。

他做事非常环保，但也许较少是出于生态的考虑。“尽管很难冲洗，但我还是会洗刷一次性餐具。”他自己这么说道。

像坎普拉德这样吝啬的富翁的故事有很多很多。当然，我们很难分辨哪些是真实的，哪些是误传。比如，一家经济杂志报道说，折扣连锁店阿尔迪创始人的儿子西奥·阿尔布雷希特会涂掉私人信笺上失效的邮政编码，然后写上新的邮编，而不是去印刷新的信笺。或者具有传奇色彩的巴伐利亚银行家和大土地所有者奥古斯特·巴容·冯·芬克，他在高龄时，还是自己开一辆大众甲壳虫汽车从慕尼黑郊外到城里的银行。连锁超市麦德龙的创始人奥托·拜斯海姆直到 20 世纪 80 年代末私人资产达到 10 位数时，还是用 14cm ×7.5cm 的小开本纸张发送传真，以减少 1/3 的计价时间。他还会将新煮的咖啡立即倒入保温瓶，以减少电力消耗。

一级方程式赛车手迈克尔·舒马赫有一次讲述了他特意从第二故乡瑞士开车到德国去购买果酱，因为果酱在德国要比在瑞士便宜得多。第二天，很多报纸讽刺性地报道了此事：《舒马赫，吝啬的富翁》。也许，舒马赫是从经纪人维利·韦伯那里学会了讨价还价。维利·韦伯说：“我不会不讨价就付钱。”他这么说，也是这么做的。瑞士堤契诺州金融家提托·特塔曼体拥有大约 5 亿瑞士法郎，他非常直爽地说：“在每家酒店，我都会把信纸拿走，反正酒店的房价已经那么贵了。”估计圆珠笔也不能幸免，这一切看起来都是合理合法的。

我们会因性格和世界观的不同对富翁们的吝啬故事感到有趣、生气或者惊讶。为什么呢？一方面是账户上拥有几百万美元的资产，另一方面是为了节省几分钱而努力，这两者之间明显有矛盾。这里是几分钱，而在背后却有几百万美元，这很愚蠢，不是吗？人们会这样想，如果一个人有几百万美元资产，那他就不必去瞄着那几分钱了。或者，我们应当换个角度来看，他们重视每一笔钱的绝对价值，而忘记了自己拥有几百万美元的资产，也许正是这一点使他们成了富翁。这与我们正好相反，我们总是想着自己有多少钱。

但在某些决策方面，我们这些普通人也许同富翁一样，也会关注实际的、现时的诱惑，而不是集中精力于整体和全貌。就像那些富翁，我们也忘记了我们的总资产，而只是瞄着决策问题的单一方面。这一章就是要研究这个问题，即一切都是相对的，我们却被这种相对性所吓倒。有时，我们也会像富翁那样，为了在购买果酱时节约几分钱特意从瑞士开车到德国。你不相信吗？好的，请你设想以下的场景：

> 你正准备以125欧元的价格购买一件夹克，以15欧元的价格购买一个计算器。售货员很友好，告诉你这种计算器目前正在另外一家分店以10欧元一个的价格作促销。到那里的车程是20分钟。你会去另外一家分店吗？

如果你像大部分人那样决定，那么你就会去另外那家店。在多次实验中，几乎70%的受试者是这样决定的。很好，现在我们来看另外一种状况：

> 你正准备以15欧元的价格购买一件夹克，以125欧元的价格购买一个计算器。售货员很友好，告诉你这种计算器目前正在另外一家分店以120欧元一个的价格作促销。到那里的车程是20分钟。你会去另外一家分店吗？

你是怎么决定的？在实验中，大部分受试者决定不去另外一家商店。而有30%的人愿意为了5欧元开车到那里。如果你把两个例子放到一起，就会得到一个值得注意的结论。在第一个例子里，大部分人愿意为了 5 欧元再开 20 分钟的车，而在第二个例子里，大部分人却不愿意。是什么发生了改变呢？

在这里发生变化的是参照系。如果计算器的价格是 15 欧元，现在能够节约 5 欧元的话，我们就愿意接着开车去另一家商店；如果计算器值 125 欧元，现在节约 5 欧元的话，我们就不愿意去。如果我们能够在一个 15 欧元的计算器上能够节约 5 欧元的话，我们就会去做，这听起来有点像吝啬的富翁，就像那位用老年优惠票乘车来参加全体成员大会的宜家创始人那样。但在另外一方面，我们又是非常慷慨大方的。如果我们购买的是一个 125 欧元的计算器，我们就不斤斤计较了，或者准确地说，我们就对节约同样的 5 欧元不再重视了。这是挥霍无度的富翁的做法，认为“这已经不重要了”。

“这点小钱不算什么，付款吧”

在这个实验中发生了什么呢？其实，这个实验显示的是一条古老的法则，它是由德国科学家古斯塔夫·T. 费希纳和恩斯特·海因里希·韦伯创立的“韦伯定律”，或者“韦伯－费希纳定律”。这个定律认为，在刺激的强度和刺激引起的感觉之间存在一个固定的、可衡量的关系。刺激越强，为了引起感觉差异所需要的刺激差异就要越大。

比如，如果在一间有 10 支蜡烛的房间里再点亮 1 支蜡烛，在我们的感觉中，房间就明显地变亮了。如果我们在一间有 100 支蜡烛的房间再点亮一支蜡烛，那么这在我们的眼睛里几乎不会造成什么差别。按照这个定律，为了实现 10 支再加 1 支蜡烛那样的感觉差异，我们就必须在有 100 支蜡烛的房间里再点 10 支蜡烛，而不是 1 支。所以，外部刺激的强度，不仅仅取决于它的绝对强度，也依赖于我们所经历的刺激的前后关系。与已经有 100 支蜡烛的房间相比，在一间有 10 支蜡烛的房间里再增加 1 支蜡烛，我们的感觉要明显强烈得多。

这个法则适用于我们生活的许多领域。对我们来说，辨别 3℃ ~ 6℃的温度差异要比辨别 13℃ ~ 16℃的温度差异容易得多，尽管这两个温度差异的绝对值是一样的。研究人员相信，在我们同货币打交道时也遵循同样的法则。我们对 15 欧元的计算器和 10 欧元的计算器之间的差别的关注，不同于对 125 欧元的计算器和 120 欧元的计算器之间的差别的关注。正是这一点让我们的态度变得前后不一致。

如果我们在 15 欧元一个的计算器上能节约 5 欧元，我们接受这 20 分钟的车程；如果我们在 125 欧元一个的计算器上节约 5 欧元，对我们来说，这同样的 5 欧元却不值这 20 分钟的车程。或者简单地说，如果已经付出了 125 欧元，那么，少付 5 欧元也就不再重要了。

这种认识也许不能给我们指出成为富翁的道路，但它却向我们揭示了我们辛苦赚来的钱消失的一大原因。**“这已经不重要了”这句话也许是家庭财政史上最大的钱财损毁者。特别是当我们支出大额货币的时候，这个损毁者按照上述思维方式又额外增加了我们的钱财支出。**

比如说，购买一个新的手提电脑，假定这个新的设备价值 1 000 欧元。你已经在收银处准备付款，在递给你这个设备的时候，售货员提醒你这个智能设备有受损的危险，并建议你为它买一份保险，每月只需要 3 欧元。考虑到刚刚付出了 1 000 欧元，这个建议听起来是合理可行的。所以，你就会这样去做。

暂且不论每月支付 3 欧元，12 个月也要支付 36 欧元，大部分专家认为这样的保险是可疑的，甚至是不必要的。因为承保人通常很难承担损坏的费用，客户必须证明这设备不是他故意损坏的。并且，承保人只赔偿电脑折旧后的价值。在维修时，客户还要承担部分维修费用。损失的赔偿经常低于已经支付的保险金额。而这种保险通常不涵盖重要数据丢失产生的损失。更糟的是，一些特定的事件，即所谓的“过失事件”，并不被这类保险所涵盖的。对于其他电器，也存在这类保险，价格同样昂贵。比如对于手机，这类“便宜”保险的费用大约为手机价格的 1/3。

总之，这类保险通常是价格过高和不必要的。那为什么人们还去买它呢？其中一个原因肯定是相对性：如果一个人刚刚付出了 1 000 欧元，就不会在意再为一份保险付出额外的 3 欧元。对这类提议的唯一防护措施就是拖延战术。如果你不确定自己是否确实需要一份这样的保险，那你就干脆等几天。你在一周之后还同样想买这个保险吗？可能不想了，因为现在的情况不再是你付出 1 000 欧元，再附加 3 欧元，而是单独购买一份价值 3 欧元的保险。现在你的内心里不再有 1 000 欧元这个对比值，你能够更客观地考虑问题。

有一个实验使得这种想法变得更清楚。一位名叫卡英·克里斯坦森的女科学家给被测试人员一本商品目录，让他们从中挑选商品。他们要购买一台立体声音响和一些附件。在这个虚构的决策场景中，被测试者可以支出 1 500 美元。这台立体声音响价值 950 ~ 1 000 美元，所以，还剩大约 500 美元可以用来购买附件。音响在目录第一页，在后面的各页中展示的都是附件，此外还有耳机，它们的价格为 5 ~ 50 美元。现在，被测试人员翻阅目录、购买、将商品放入购物筐，然后报告他们已经付出了多少货币。

这个实验规则的关键在于耳机。一次实验将耳机放在目录的首页，紧跟音响设备之后，另一次实验将耳机放在目录最后。实验的结果证实了“这已经不重要了”这句话的威力。如果把耳机放在目录首页，也就是在刚刚开始采购的时候，那么，被测试人员为此付出的金额平均不足 10 美元。如果耳机在目录的最后一页才出现，而被测试人员在这时已经花费了很多（他们已经看完了整个目录，花了很多的钱），那么他们为购买耳机付出的货币平均为 19 美元。原因很简单，如果一个人在目录首页看到耳机，那时他还没有支付很多钱，所以，他宁可购买便宜的耳机。与此相反，如果在目录的最后看到耳机，他就会付更多的钱去买耳机。因为人们花费得越多，相对于已经付出的货币，能够接受的耳机价格就越高。所以，人们就会用更多的钱去买耳机。这就是相对性效应。

这种效应的表现形式不一定是保险，只不过常以额外保障的伪装形式出现而已。比如，类似的情况也存在于汽车买卖中，并且价格昂贵。在美国，一起针对一家亚洲汽车制造商的诉讼显示，一个价格 795 美元的额外保障，实际上只有 131 美元是用于维修的，剩余的是 109 美元的管理费和 555 美元的利润。

这种相对性效应也发生在许多其他场合。在那里，我们为一些定价过高的项目支付了小额货币。

比如，宾馆里的迷你酒吧。据说宜家创始人在第二天早晨会用超市买来的可乐来填补，尽管他否认此事。在这里，相对性也起着作用。因为人们已经花 100 欧元订了一个房间，所以，迷你酒吧冰箱里的可乐比对面加油站的可乐贵 1 ~ 2 欧元就显得不重要了。这样，又有几欧元从指尖溜走了。

又如，度假期间的餐饮。在机票和酒店上已经付出了这么多，现在还要在吃饭时节约吗？所以，人们会支付旅游中心高昂的餐饮价格。

很危险的还有大批量采购。因为人们已经购买了满满一车需要的东西，就不会去在意把一些不贵而无用的小玩意也装上车。又损失了几欧元。尽管这一切都是小钱，但正是小钱很快就能汇聚成一座钱山。为什么我们在小的方面经常会慷慨大方，而认识不到 100 乘以 1 欧元也是 100 欧元呢？对于这一点，我们在之后的章节中还将进一步探寻它的另外一个原因。

这种积少成多的效应在大额消费（比如建造房屋）时，会让人们付出代价。如果我们建造一幢新的房子，必须把一笔 6 位数的资金放在建筑商的桌子上，那在这个壮观数目的阴影下，很多不必要的，或者过度的支出就会产生。

比如，昂贵的建筑材料（我们的浴室只用最好的）、最贵的厨房设施（一不做二不休）、最精致的地毯（人一辈子也就建一次房子）。转眼间，这些小小的额外费用累积成了一个非常高的金额。所以，很多房屋成本预算很快就成了废纸。

这就是把消费和储蓄变成一个心理陷阱的相对性。在传统经济学里并不存在这个问题。在传统经济学里，如果加总起来，人们的总资产增加了，他们就会作出决定。如果作决定后的总资产比不作这个决定时的总资产要高，那么他就会决定做这件事。至于这个行为是在什么样的前后关系下发生的，对传统经济学来说则并没有什么作用。

不过，如同我们在前面已经看到的，实际上并不是这样的。我们作出一种决策是与我们遇到的前后关系有关的。如果是一个 15 欧元的计算器，我们会为 5 欧元再开 20 分钟的车，但如果是一个 125 欧元的计算器，我们就不愿意。

也许，我们前面描述的那些富翁和许多普通人之间的一个区别就在于，他们并不受制于相对性效应。对他们来说，1 欧元始终是 1 欧元，前面叙述的例子也清楚地显示了这一点。当然，你不必把这当作让你变成守财奴的要求。如果想在度假时犒劳一下自己，你就没有必要拒绝这么做；如果想在酒店里享用一罐可乐，那就去做。但如果我们知道了相对性效应，就能避免一些不必要的支出，或者至少会去探究它背后隐藏的玄机。

不仅如此，这种相对性效应在其他涉及资产的事情上也起着很重要的作用。这样，我们又回到上一个话题：损失厌恶。你最后一次出售房子是在什么时候？

损失和赢利都是“感受”出来的

你在 10 年前购买了一幢房子，当时付了 30 万欧元。现在你想把它卖掉。你估计房子的市场价值为 35 万欧元，你也想卖到这个价钱。现在，你得到一个 32 万欧元的报价。那现在你面对的是 2 万欧元的赢利还是 3 万欧元的损失？或者两者兼而有之？

在传统经济学的决策理论里，作这个决定很轻松。你只需考虑出售房子给你的总资产带来的后果，然后作决定。出售房子总体来说会让你更富有吗？如果是，就出售。如果你考虑房屋出售者的心理状态，结果就不同了。如果你的头脑里装着的是购入价格，那就会出售这个房子，赚取 2 万欧元的利润；相反，如果你的头脑里装着的是市场价格，那么在你眼前的就是将要发生的 3 万欧元的损失，你很可能就不会卖这个房子。

其原因就是我们在前面的章节里已经阐述的损失厌恶。人们做很多事只是为了避免损失，这其中包括很多蠢事。如果人们把 32 万欧元的价格看成损失，那么他们就会退缩，不出售房子，继续寻找其他购买者，哪怕冒着得不到更好报价的风险。同时，他们也没有考虑由此产生的成本。只要他们的房子还没有被卖掉，投资其中的资本就不能获取利息。

如果人们以 32 万欧元的价格把房子卖了，然后用这笔收益投资并赚取利息，其结果也是一笔可观的数目。哪怕是 3% 的利率，一年的利息也有 9 600 欧元。即使是税后，也还有 6 000 欧元。这就是我们损失厌恶的成本。在最糟的情况下，如果人们在后来没有得到更好的报价，那成本就更高了。

这里显示的是同样的模式。**在作买卖决策时，人们不是把注意力集中在对整体资产的估值上，而仅仅注意期望的出售价格和实际的出售价格之间的关系。**这样就有可能会损失大笔金钱。出现这种情况的原因是损失或者赢利的感觉。我们根据感觉决定是卖还是不卖。我们必须思考，这种感觉是如何产生的，我们怎样才能影响它。类似的情况也发生在卖出股票时：

3 年前，你的雇主赠送了你本企业的股票，当时这只股票的价值为 20 欧元。很不幸，后来，这只股票的价格下跌到了 10 欧元。现在公司面临一个重大的突破。如果新产品成功了，那么按照分析师的预测，股价会重新上升到 20 欧元。如果新产品研发失败，公司就会破产。你现在想以 10 欧元的价格把股票卖掉吗？

这与出售房子是完全相同的决策场景。人们按照是把这 10 欧元视为利润（他并没有为此支付什么），还是视为损失（这些股票曾经值 20 欧元），作出决定。所有其他决策参数，比如我现在需要钱吗、我的资产组合的总体风险有多高、税务咨询师的意见是什么等都淡出了视线。在股票买卖时，传统经济学也建议根据总资产来安排。据此我们需要考虑的是，如果我以 10 欧元的价格出售股票，对我的总体资产组合有什么影响。在原则上这是正确的做法，但在实际中这种做法却经常被摒弃。相反，我们在决定是否要卖出某只股票时，会考虑这只股票相对于某个基准点（比如 20 欧元或 0 欧元）的价值。

当一个决策处于不同的前后关系中时，我们对待风险的态度也会有所改变。其结果是，在同一情况下，我们有时会承担风险，有时会非常小心。你不相信这点吗？那让我们看看下面的问题：

除了你所拥有的资产，你额外又得到 1 000 欧元。现在，你必须在这两者中间作出选择：

A. 50% 的概率获得 1 000 欧元。

B. 100% 的概率获得 500 欧元。

如果你选择了 B，那么，你的决定就同大部分被测试者一样。如果涉及赢利，人们就会比较谨慎。与不确定的 1 000 欧元相比，我们宁可要稳当的 500 欧元。好，现在接着来看下面的问题：

> 除了你所拥有的资产，你额外又得到 2 000 欧元。现在，你必须在这两者中间作出选择：
>
> A. 50% 的概率损失 1 000 欧元。
>
> B. 100% 的概率损失 500 欧元。

现在，如果你选择了 A，那你就又同大部分被测试者一样。由此，就产生了决策理论的一个悖论。如果我们仔细来看，你就会发现，这两个决策场景实际上是一样的。在第一种情况下，你要在 100% 获得 1 500 欧元（你选择保险的赢利）和 50% 的概率获得 2 000 欧元中选择。这同第二种场景是完全一样的。然而，在第一种情况下，我们决定要 100% 的 1 500 欧元；而在第二种情况下，我们则准备赌一把，接受有 50% 的概率获得 1 000 欧元的结果（当然，运气好的话，有 50% 的可能保持已获得的 2 000 欧元）。

这里也是一个基准点的问题。如果我们的出发点是我们获赠的 1 000 欧元，我们会觉得 1 500 欧元是一种资产赢利的状况，所以，我们就会选择保险稳妥的方案。相反，如果我们以 2 000 欧元作为起点，那么，1 500 欧元就是一种亏损状况。此时，我们就会冒一些风险，选择具有风险的方案。所以，在这里起作用的还是相对性，它使得我们不去注意决策的最终结果，而让我们受到不同基准点的影响。根据开始时有 1 000 欧元或者 2 000 欧元的不同，我们对待风险的态度也改变了。不用特别多的想象力，我们就能猜到，这种现象会引起一些问题。下面让我们来看看其中的几个问题。我们以赌王 73 次从穷人变成富人的故事开始。

期望效用理论：信仰上帝的好处有多大？

1883 年，尼古拉斯·安德烈亚·丹德罗西出生于希腊的克里特岛。他的父亲是地毯交易商，他的教父是轮船制造商。他在富裕和备受呵护的环境中长大，并取得了哲学学位。18 岁，尼古拉斯的家庭将他送到美国，以便为他成功的商业生涯作准备。1911 年，他在蒙特利尔第一次尝试了赌马，并发现这才是他的真正使命。尼古拉斯意识到自己是一个赌徒。之后，他带着 50 多万美元离开了蒙特利尔，转向了扑克牌赌博。人们估计，被大家尊称为“希腊人尼克”的尼古拉斯，在他的整个赌博生涯中，赢了并又输了 50 多亿美元。他声称，他在贫穷和富有之间来回摆动了 73 次。尼古拉斯沉迷赌博，有时候，他待在赌桌旁，不吃不睡。即使需要医生的帮助，也是把医生叫到赌桌边。

他生命中的高潮之一是与得克萨斯州人尼古拉斯·约翰尼·莫斯的单挑对阵。这场赌局持续了 5 个月，最后以输家尼古拉斯的一句话告终：“莫斯先生，现在我不得不让你走了。”对于赌徒希腊人尼克来说，金钱没有什么意义。在一生中，他为慈善机构捐赠了 2 000 万美元。他于 1966 年去世，他的讣告写道：“运气是一个女人，是他一生的钟爱。”

人们在背后议论希腊人尼克，说他在输钱时是很不愿意离开赌桌的，除非他不再有钱下注。在这方面他可不孤单，很多赌徒都有这种习惯。如果他们输钱了，那么在这天结束时，他们会把所有的钱押在一张牌上。在盎格鲁–撒克逊语言里，人们称之为“赌小概率”，并且，这张牌获胜的概率很小。

比如在跑马场上，在一天即将结束时，很多赌徒会赌小概率，也就是人们认为只有很小的概率能够获胜的马匹。如果与人们的期待相反，这匹马获胜的话，就能够赢很多钱。这种行为背后的原因就是损失厌恶。一个人如果在一天行将结束时还输钱的话，他就会用接受更具风险的赌局的方式，试图用最后一轮赛马或者最后一张牌来改变命运的方向。相对性又在这里起作用了。如果人们已经输了很多钱，那么最后那点钱也就不重要了。所以，人们会把全部身家投注于一张风险牌。如果赌徒没有陷入输钱的泥沼的话，他们就会冒比较小的风险。

这是一个令人不安的认识。我们对具有风险的赌局的接受度，取决于我们陷入亏损的泥沼多深。如果我们还赢钱，我们会变得小心翼翼，来确保我们的赢利。如果已经累积了很多的亏损，我们就会明显地更愿意承担风险，以期通过最后的令人怀疑的一局来改变一切，挽回损失。

适用于跑马场的这个见解，同样适用于投资领域。如果一种投资或者一只股票亏损了，我们对损失的恐惧就会被唤醒。我们会在损失的基础上追加投资。关于这一点，我们在前面已经论及。但这个见解包含的新意在于，我们损失厌恶的程度取决于损失的程度，在这方面的经验越多，情况就越糟。

准确地说，这不是一个经验公式，而是一种理论。在过去的几年里，这种理论在现有的经济学中引起了相当大的争论，最终被授予诺贝尔经济学奖。这就是我们已知的“前景理论”。

为了理解这个理论，我们必须知道，在前景理论产生之前，经济学家如何处理人类的期望问题。我们可以通过一个赌局来解释：上帝存在吗?

布莱兹·帕斯卡尽管不能回答这个问题，但他针对信仰上帝是否明智这个问题提出了一种想法。直到今天，这种想法还深深地影响着整个资本市场的风险管理。1623 年 6 月，布莱兹·帕斯卡出生在距离巴黎约 420 公里的克莱蒙—费朗城。13 岁时，他就已经结识了哲学家勒奈·笛卡尔和数学家皮埃尔·德·费马这样的大师。1654 年，帕斯卡经历了一次顿悟。他像入定一样坐了两个多小时。他把这两个多小时经历的东西写在了两页纸上。人们在他死后才在他的夹克里发现了这两页纸。这两页不规则的、以很难辨别的字迹书写下的内容，构成了现代决策理论的开端。

帕斯卡的问题是，我们不知道上帝是否存在，那么，我们应该信仰他吗？如果我们不信仰他，其风险是什么？对此，我们假定，上帝存在的可能性为 50%（鉴于我们完全地无知，这是最可能的估计）。

现在存在两种可能性：上帝存在和上帝不存在。如果我们决定信仰上帝，而上帝确实存在，那么，我们就将得到永恒的生命和永恒的幸福（较高的赢利）；但是，如果上帝并不存在，而我们信仰他，那么过一种相当虔诚的生活的成本也很低（很低的费用）。假如上帝还是存在的话，相对于信仰上帝的奖励，我们付出的只是一点小钱。这就是答案：人们权衡着如果上帝存在就能得到的无限幸福和信仰上帝的有限成本，肯定会作出合乎逻辑的决定：还是要信仰上帝，小心为妙。

帕斯卡的上帝赌注是对决策问题的现代理解的关键。我们会用一种选择的收益来权衡是否选择它。所以，我们把 50% 的可能性乘上永恒生命的前景（它是无限大的），与 50% 的可能性乘上为一个虔诚的生活所付出的成本（它是有限的）相比较。这个计算结果就是所谓的“决策的期待价值”。在上帝赌注中，这个期待价值无限大。这种考虑或许可以解释，为什么教会税的支付者比信徒要多。因为人们永远不会知道上帝是否存在，教会税是一种选择，以防真的有天堂这样的地方存在。所以人们选择在上帝身上投机。

人们用现代的词汇称这种思想为“期望效用理论”，它是大部分经济模型中的黄金定律。人们通过把各种可能的结果乘以概率，来比较各种决策的可能性。比如说，我们用抛硬币的方式下 1 欧元的赌注（如果是头像，我赢 1 欧元；如果是数字，我输 1 欧元）。这个赌注的期望价值的计算是这样的：我有 50% 的概率赢 1 欧元，所以，用 50% 乘以 1 欧元，结果是 50 分赢利；我有 50% 的概率输 1 欧元，所以，用 50% 乘以 1 欧元，结果是 50 分亏损。把 50 分的赢利和 50 分的亏损加在一起，我们得到这个抛硬币赌注的期望价值是 0 。这就是期望效用理论，它起源于一个上帝赌注。

我们已经知道期望效用理论的一个缺陷，就是这个理论假定，人类作决定的时候总是对标最终状态，所以，当人们作决定的时候，总是关注自己的总资产和总效用。但我们在这一章中已经看到，实际情况显然并不总是这样的。我们只有在面对 15 欧元而不是 125 欧元的计算器时，才会为了 5 欧元而驱车去下一家商店；如果我们出售东西，那么，我们脑袋里的保留价格，会让我们作出不同的决策；如果我们处于亏损的状况，我们就会更具冒险精神。按照期望效用理论，这一切都是不可能发生的。按照期望效用理论，唯一重要的是一个行动的最终结果会是怎样的，而行动时存在什么样的条件并不重要。

与此相反，前景理论包含着的是另外一种思想。它假定，人类在作决定的时候不是对标绝对值，而是数值的变化，当然是相对于某个基准点的变化。比如，根据期望效用理论，在出售股票时，我们会计算成本；而根据前景理论，我们不会关注这个总的值，而是会自问，同某个基准点相比（比如已购买股票的价格），作这个决定的成本是什么。对此，让我们再次举股票的例子：

3 年前，你的雇主赠送了你本企业的股票，当时这只股票的价值为 20 欧元。很不幸，后来，这只股票的价格下跌到了 10 欧元。现在公司面临一个重大的突破。如果新产品成功了，那么按照分析师的预测，股价会重新上升到 20 欧元。如果新产品研发失败，公司就会破产。你现在想以 10 欧元的价格把股票卖掉吗？

按照期望效用理论，帕斯卡式的决策者只会考虑这项出售会给他带来怎样的绝对收入：每股 10 欧元。而根据前景理论来决策的投资者却会提出另外一个问题：参照对他来说意义重大的股价，这项出售会给他带来什么？如果对他来说，意义重大的股价是 0 欧元，因为这只股票是企业赠送的，那么，这项出售就是赢利。如果这个意义重大的股价是 20 欧元，因为它曾经值这个价，那么，这项出售就是亏损。尽管人们在这两种情况下出售股票得到的是同样的金额。所以，基准点的观点解释了决策时各种不同的态度。如我们还将看到的那样，这种观点还将解释更多东西，它是投资和货币支出方面的一个转折点和核心。再举一个例子：

你想买一辆新车。售货员声称，你看中的这种车型值 3.3 万欧元，但他愿意给你 3 000 欧元的折扣。

这听起来不错，对吧？ 3 000 欧元的折扣令人难以抗拒。但你走进另一家经销店：

人们向你提供的是与前一家经销店相同的车型，价格为 2.7 万欧元。但该车没有空调，装空调需要额外加价 3 000 欧元。

如果你把这两个例子放在一起来看，你立即就能觉察到，它们实际上是没有区别的。可是，专业书籍建议以第一种方式进行汽车报价。根据前景理论，其原因是很清楚的：在第一种情况下，客户把价格折扣当作真正的赢利，而在第二种情况下，客户认为空调的加价是额外的损失。纯粹从逻辑上来看，我们“本来”不得不承认，期望效用理论是有道理的，3 万欧元就是 3 万欧元，不管是以什么方式得到的。当然，只是“本来”。基准点是如此奇特，以至于我们想在下面以一个单独的章节来探讨。

在这里，我们只是想观察一下前景理论的另外一个特点，一个很有帮助的特点。这涉及“损失并不就是损失”的问题。这很容易说明。让我们来看一下 1995 年 2 月 23 日这个喧嚣的日子。

前景理论：让赌徒输光最后一分钱

1995 年 2 月 23 日，年轻的交易员尼克·里森孤注一掷。他在以后的日子里这样写道：“那天我购入市场提供的所有东西。我一直很忙，时时挥舞着张开的手臂，大喊大叫，填交易单，并把它们送到后台。用一个手势，我就能买入或者卖出数以百万计的证券。在这里，只有证券，而不是牛奶或者面包或者其他人们确实需要的东西。就好像是用肥皂泡在作交易。”

里森有足够的理由，把一切都押在一张牌上。几年来，他在新加坡以英国老牌银行巴林银行的名义进行股票指数期货的投机交易。这么做是不被允许的，他只被允许进行套利交易，也就是跟踪不同的期货市场之间的小小的价格差异，以获取微小但保险的赢利。但里森却要干大事，他要做高风险的期货交易。他向他的上级隐瞒了这种情况，每年向总部报告令人满意的赢利。所以，总部也就没有仔细询问，这个奇迹男孩在新加坡那里到底都干了些什么。

开始时一切顺利，但后来，市场与里森的愿望背道而驰。当累计亏损达到 2 亿美元时，里森投下了更大的赌注。“祸不单行”，在股市上人们这样描述这种情况。里森冒险下的赌注还是失败了。1995 年 1 月 17 日，当一场大地震袭击日本港口城市神户时，里森知道已经无法收手。

当 1995 年 2 月 23 日最后一笔冒险赌注失败时，巴林银行破产了。里森逃跑了，在他的电脑屏幕上，他留下了一条信息：“我很抱歉。”

上面这种模式经常发生在投机者和赌徒那里。**如果一个人已经遭受了损失，那他必须将他的赌注加倍。**真是祸不单行。在这背后是一种我们已经认识到的态度：“现在这已经不再重要。”糟糕的是，人们累积的损失越多，就越愿意追加赌注。损失越大，就愿意接受越大的风险。为了理解这一点，我们设想下面的场景：

一个投资顾问给你打电话，告诉你必须在两只股票中作出选择：

A. 通过股票 A，你将有 25% 的概率得到 6 000 欧元赢利。

B. 通过股票 B，你将有 25% 的概率得到 4 000 欧元，同时，还有 25% 的概率得到 2 000 欧元。

你选择哪只股票?

在这种情景下，大部分人会选择股票 B，尽管实际上这两种选择没有什么区别，至少从概率的角度来看是这样的。但是很显然，大部分人认为 4 000 欧元加上 2 000 欧元的赢利比 6 000 欧元的赢利要高。这是一个很重要的认识。更重要的是，这种现象在损失方面也同样会出现。再看下面的问题：

你必须出售两只股票中的一只：

A. 股票 A 有 25% 的概率让你遭受 6 000 欧元的损失。

B. 股票 B 有 25% 的概率让你遭受 4 000 欧元的损失，同时，还有 25% 的概率让你遭受 2 000 欧元的损失。

你会选择哪只股票?

如果人们在实验中面对这种情景，大部分人会选择股票 A。也就是说，6 000 欧元的损失显然不像 4 000 欧元加 2 000 欧元那么糟糕。如你所见，同样的股票，同样的概率，同样的数字，只是这次涉及损失，人们的决定就不同了。

这里，我们遇到了前景理论中一个影响重大的思想。**对我们来说，赢利和损失根据其数额的大小，具有不同的权重。**第一个股票赢利的例子显示了，与 6 000 欧元赢利相比，我们宁可要 2 000 欧元加 4 000 欧元的赢利。赢利越高，效用的增长就越低。赢利从 10 欧元增加到 20 欧元所提高的效用，比赢利从 200 欧元增长到 210 欧元，甚至比赢利从 200 万欧元增长到 200.001 万欧元还要大。**已经拥有的越多，我们对增加的利润的评估就越低。**

这些观点也解释了我们之前的发现。如果人们处于亏损的境地，他们就会把宝押在毫无希望的赌注上。并且，他们的处境越困难，就会在毫无希望的赌注上押得越多。如果像里森那样，已经亏损了超过 10 亿美元，人们就会孤注一掷，不管是多么值得怀疑的东西。对此，里森解释道："今天我购买了市场提供的所有东西。"

这是前景理论思想的直接结论。如果只是亏损了几欧元，人们也许还会发着牢骚接受。但当亏损从几欧元变成了几千欧元后，到底是损失 2 000 欧元还是 3 000 欧元就没有那么大的区别了。而这会导致财产的彻底消失。里森那样的赌徒就证明了这一点。

这个效应也在另外一方面起作用，它使得我们对赢利的评估也是按照其数量进行的。设想一下，假如你得到了货币，你会是以什么方式得到的呢？

A. 在两天中，各得到一张 100 欧元的支票。

B. 在一天得到一张 200 欧元的支票。

你更喜欢哪种方式？大部分人宁可选择方式 A，尽管它的最终结果跟方式 B 是一样的。其原因仍然是相对性。如果我们在不同的两天得到两张支票，那么我们会认为两次得到 100 欧元比一次性得到 200 欧元要好。所以，在我们的眼中，第一个 200 欧元比第二个 200 欧元要更有价值。

A. 税务局通知你，要补交 100 欧元的税。两天后，你又收到税务局的一封信，告诉你还要补交 100 欧元的税。

B. 税务局通知你，要补交 200 欧元的税。

现在，大部分人会选择方式 B，也就是宁可一次性都交了。这正是关键之处，要么毁灭，要么找到摆脱损失厌恶的出路。由此，我们又回到了我们常问的问题：我们能从中学到什么呢？

为“绝望的赌注”按下暂停键

很显然，赢利和损失、支出和收入并不总是相同的，这取决于相关背景或者说前后关系。这使得我们很容易被推销员的“萨拉米策略”（通过小的步骤或者要求来达到大的目标的策略，也被称作“渐进策略”。——译者注）所侵蚀，即在昂贵的主产品之外推销给我们价格过高的附加产品。“这点东西现在就不重要了”，我们这么想，然后就为手提电脑购买价格过高的附加保险，或付 15 欧元购买一个放置 300 欧元的 iPod 的小皮包。

如果我们想避开这种陷阱，就必须在大额采购时更注意小额支出。最简单的办法就是不去理会附加产品，或者至少设置一个时间间隔，让主产品和附加产品的购买时间隔上几天。

是的，这些还只是小钱。而也许由于损失厌恶，人们会失去大钱，特别是损失厌恶与相对性现象相结合的时候。人们亏损得越多，就越愿意承担风险，下绝望的赌注，并由此使损失变得更大。有一个原则在这里可以起到正面的作用。如果有股票在手，就设置一个止损委托，一个给银行的指令。当股价达到一个事先设定的水平时，委托银行自动售出股票。

当然，人们也有可能因为其他的不能设置止损委托的投资业务而陷入损失陷阱。在这时，朋友和亲属就要起正面作用。你可以对朋友或者家庭成员承诺，在某个约定的时间点上结束这件事，并请求他们在这个时间点上切实采取行动，敦促你结束这项投资。

可是，用点小小的技巧，人们也可以利用相对性的现象做有利于自己的事。一个简单的问题：你如何使你的朋友更高兴呢？是在一年里一次性给他或她送一个很贵重的礼物，还是在一年里送多次小礼物呢？大部分人会选择第二种方式。多次的小礼物会比一次贵重礼物给人更多幸福。

人们也可以在谈判时利用这个技巧。你事先考虑好愿意做多大妥协，然后一点点地进行。同一步到位的让步相比，一小步一小步的获利会给你的对手更多的喜悦。他会觉得，谈判是以有利于自己的方式结束的。

失败的一方也可以运用这种心理技巧。你要在理论上将许多小的损失归结为一个大的损失，而不是让自己不断地为这些小损失而费心操劳。这样就比较容易忘记损失，不会像被无数针刺一样不断地遭受痛苦。也就是说，不是计算每只股票的损失，而是只计算整个资产组合的损失，这样就让人更容易承受一些。

显然，我们在怎样的前后关系中来感知现状或者提出事实，除了对我们的投资态度，对我们的福祉也有很大的影响。这是一个很有趣的现象，我们在第 5 章将专门进行探讨。这把我们引到了德国南部——弗兰肯。

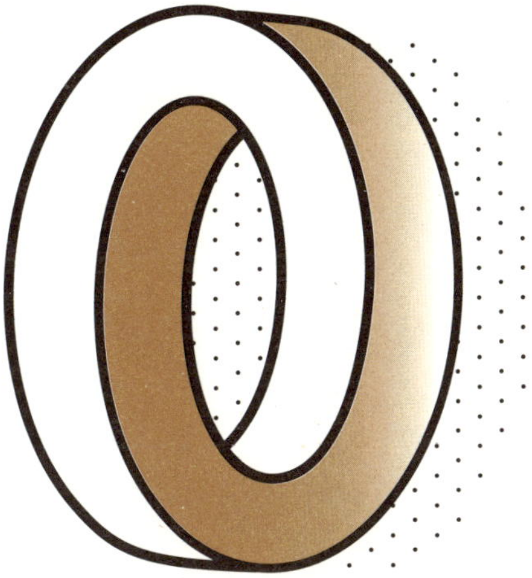

GELD DENKT NICHT

第 5 章　锚定效应和框架效应

换个角度看损失

同一件事，为什么“别再失去金钱了”的广告语比“现在开始省钱吧”更有吸引力？

某生物股现价仅 250 欧元，但被公开推荐为“价值 1 000 欧元”后，真的会涨到 1 000 欧元。锚定效应的威力有多大？

狂热“传道”的“道森特欧元先生”

弗兰肯的库尔姆巴赫市拥有3万居民，也有很多旅游景点，包括世界上最大的锡人像收藏馆，30万个锡人像再现了人类的历史。这些景点给库尔姆巴赫市带来了经济繁荣。普拉森堡是库尔姆巴赫市的标志性建筑，它由安德赫斯－梅拉尼恩公爵在12世纪修建。还有白塔、红塔、施皮塔教堂、佩特里教堂、小皇宫和雷塔等建筑。

此外，库尔姆巴赫市还有很多值得参观的地方。库尔姆巴赫市也有不少著名的市民，如荣誉市民托马斯·戈特沙尔克（德国著名电视节目主持人和演员。——译者注），或者银质市民奖章获得者贝尔恩德·费尔契（德国著名企业家和出版家。他是位于库尔姆巴赫市的德国股市传媒公司以及德国投资者电视台的创始人和所有者。——译者注）。

费尔契不像那位金发主持人那样出名，但在德国金融界，费尔契是尽人皆知的。德国的《经理人杂志》曾把他选为“基金行业最大的货币毁灭器”之一。德国《明镜》杂志称他是一位“有争议的早期股市传道者”。德国《商报》称之为“库尔姆巴赫的股市精神导师”。德国《法兰克福汇报》则认为他是“带有怪味的股市电视台持有人”。

费尔契有一个通用的名字，是业界给他起的名字，叫作“道森特欧元先生”，源于费尔契先生在一个电视节目中的一次有争议的推荐。

在德国 3Sat 电视台播出的“3Sat 股市”节目里，费尔契以 1 000 欧元的惊人目标价格推荐生物技术公司莫尔福绥斯的股票。这只股票当时的价格为 250 欧元，并且在它重新下跌之前，从未达到过 500 欧元。由于他的弗兰肯地区的口音，从那以后，费尔契成了“道森特欧元先生”（Mr. Dausend Euro，德语单词 1 000 是 Tausend，因为费尔契有弗兰肯口音，发成了 Dausend。——译者注）。有一家杂志曾经问他：“您相信您的目标价格吗？”费尔契的回答简洁明了：“绝对。”

可怕的是，对于这个目标价格的有效性来说，费尔契是否相信它，或者观众、读者及投资者是否相信它，都是无关紧要的。即使没有这种信任，这样的目标价格也会产生灾难性的后果。

或者换一种方式来提问：德国的平均气温是多高？高于还是低于 2℃？一本书的平均销售码洋是多高？高于还是低于 7 万欧元？你认为，这些问题会影响你对实际的平均温度和实际的平均销售码洋的估计吗？

这一章将向你展示，这类问题确实会影响你的估计和判断，尽管这听起来有些可笑。这一章会重新涉及第 4 章讨论过的相对性效应，并以此来展现如果移动人们用来进行决策的参照点会发生什么。这就是“还有半杯水”和“少了半杯水”的区别。这会影响我们的投资态度，正如通过公共合法的电视频道灌输给你的“道森特”的数值。到底发生了什么呢？我们可以借助一种抽彩轮盘来说明。

锚定效应：别人的报价会影响你的估价

大部分电视观众都知道“幸运轮盘”这类节目。在那里，人们转动一个巨大的轮盘，这个轮盘会随机吐出一个数来，大家为的就是押中这个数字。行为科学家阿莫斯·特沃斯基和诺贝尔奖获得者丹尼尔·卡尼曼同其他参与者一起玩过幸运轮盘游戏。他们请求把参与者集中在一个房间里，当着他们的面转动幸运轮盘，这个轮盘会显示 1 到 100 之间的某个数值。然后，特沃斯基和卡尼曼向被测试者提出问题：在非洲大陆，有百分之几的国家是联合国成员国，多于还是少于幸运轮盘抽出的数字？在参与者回答了这个问题后，他们请求参与者给出一个准确估计：百分之几的非洲国家是联合国成员国？

这个实验的结果超乎寻常。参与者的估计非常密切地遵循由幸运轮盘选出的数字。如果幸运轮盘显示的是 30，那么，他们的估计值是 20% ~ 40%；如果显示的数字是 80，那么，参与者的估计值就是 70% ~ 90%。尽管给出数值的是幸运轮盘，也就是说是完全随机选出的，并且参与者也知道这一点，但这个随机选出的数字还是影响了他们的估计。

发生了什么呢？心理学家把它命名为“沉锚效应”，或者“锚定效应”。如果我们要对不熟悉的数值进行估计，那么，我们会有一种无意识的倾向，让我们参照偶然遇到的第一个数值，而不管这个数值是有用的还是无用的。简单地说，锚定效应是这样起作用的：如果我们必须对一个未知值作出估算，并且事先得到了一个另外的值，那么，就会有一种倾向，让我们遵循事先给出的那个数值，而不管这个数值是否适合作为这种估算的基点。

这种效应也发生在专业人士的身上。在一个实验中，人们请求审计师来估计，受会计师事务所监督的公司中，经理层欺诈的规模有多大。人们问其中一半的审计师，1 000 家公司中经理层欺诈的比例是否超过 1%；同时，问另一半审计师，1 000 家公司中经理层欺诈的比例是否超过 20%。其结果是：第一组人的估计为 16.5%，而第二组人的答案是 43.1%。后者轻松地将估算值推高了 250%，因为他们事先获得的参照基点比较高。值得注意的是，受测试者还都是专业人士。

这种效应同样在其他专业人士和非专业人士中起作用，特别令人不安的是，这也在陪审员身上起作用。在虚拟的诉讼过程中，起诉人要求的惩罚越高，虚拟的陪审员们宣布施加的惩罚也越高。并且，很显然，连法官也屈从于这种锚定效应。

一家大型银行的分析师詹姆斯·蒙蒂尔作过一个民意调查，这个调查显示，即使是大型金融机构的金融专业人员也成了锚定效应的牺牲品。蒙蒂尔请求大约 300 名高薪的基金经理来估计，伦敦的医生数量是高于还是低于自己的电话号码的后四位。比如说，某位基金经理的电话号码后四位是 3904，那么他就得估计，伦敦的医生数量是多于还是少于 3 904 名。接着，受试者需要对伦敦医生的数量作一个实际数字的估计。

其结果你已经猜到了：那些电话号码以大于 7 000 的数值结束的人，估计伦敦医生的数量平均为 8 000 名；而那些电话号码的后四位小于 3 000 的人，估计伦敦医生的数量平均为 4 000 名。如果我们用“股票价格”来替代“电话号码”，那么，1 000 欧元在这里起什么作用就很清楚了。

事实上，股价目标如同一个作为基点的“锚”对投资者产生作用，而不管这个“锚”本身是有意义的还是没有意义的。1 000 欧元的价格可能会使许多的投资者过于乐观地估计这只股票的未来前景，肯定比费尔契先生不说 1 000 欧元，而说 300 欧元时要乐观。

发生了什么呢？也许是这样的：一旦我们得知 1 000 欧元的股价目标，我们就会考虑所有能够证明这只股票能值 1 000 欧元的理由。这些理由在估算这只股票的真实价值时支持我们的想法，其结果就是对这只股票过于乐观。如果费尔契先生不是这么说，而是认为这只股票只值 5 欧元，那么我们自动会搜集这只股票下跌到 5 欧元的理由，许多支持这只股票的论据就会被我们忽略。

我们可以作为大学教师，通过一个简单的实验，在大学的阶梯教室里验证这一点。我问阶梯教室中的一半学生，某支特定的足球队在本赛季成为德国联赛冠军的概率。对于阶梯教室的另一半学生，我问他们这支球队不能成为冠军的概率。其结果支持了锚定效应的思想。那些需要想象这支球队是否能成为冠军的人会寻找支持而不是反对这种观点的论据。相应地，他们估计球队得冠军的概率比较高。与此相反，被询问这支球队不能成为冠军的概率的人，会寻找其不能成为冠军的理由，估计该队成为冠军的概率较低。现在，请你用股票或者股票指数代替球队，用一个股价或者股价目标来代替冠军称号，那么你就知道了，锚定效应在股市中会起什么作用。

结果是显而易见的。当我们估计某只股票或者某项投资的期望价值时，我们让自己受别人提供的数字的影响，而这些数字可能是，或者根本就是没有什么说服力的。在新经济泡沫的全盛时期，德国电信这只股票被宽松的货币政策、歇斯底里的股市行情分析家和财经杂志吹到了100多欧元的高位。从那以后，这只股票的价格只剩下了原来的1/10。时代迅速改变了，电信行业竞争激烈，市场饱和，通用移动通信系统的狂潮一去不复返，而且还存在关于并购的辩论以及对资产负债表数字的讨论。世界是一个不同于10年前的另一个世界，这只股票的价格也不同以往了。

此外，如果你在这10年来一直拥有这只股票，现在考虑要出售它，你想以什么价格出售？锚定效应得出的结论是：你在考虑什么是一个好的价格的时候，会受到以前大约100欧元的最佳点的影响。我们的思维和决断会受到这个值的影响，它起着锚的作用。因此，存在一个很大的风险是，你会要求一个过高的、不切实际的价格，而你的股票会无人问津。

如果一个之前的价格起着锚定的作用，那么，它还有可能使得人们贪婪地奔向那些在很短的时间里戏剧性地下跌的股票。人们的眼前还是浮现着急速下跌前的那个高价，并期望股价重新回到这个价格。这只股票毕竟曾经值50欧元，现在它的价格是20欧元，这不是一个便宜货吗？可能就不是。50欧元是一个把我们的期望固定在那里的锚，我们不去思考为什么这只股票会如此剧烈地下跌。也许是因为业务的前景变得暗淡了，或者管理层失误了。当然你会说你已经考虑到这些因素了，但如果锚定效应是正确的话，那么，这只股票之前最高的价格肯定会影响你的期望，不管你愿意还是不愿意。

另外一个很有影响力的锚是别人提供的市场价格。比如我们设想一个不动产的买卖。我们请很多专家在某个时间来看所涉及的对象。此外，我们给专家们提供了关于这栋房子的很多信息，如面积、设施、邻居以及它的正式出售价格。这个售价应该起锚定作用。专家们被分成两组，每组被告知不同的正式出售价格。

这个不同的售价会使专家们对这栋房子的估价发生很大变化。具体数字是：告诉第一组售价为 119 900 欧元，专家们估计这栋房子的价值为 114 204 欧元；告诉第二组售价为 149 900 欧元，专家们估计此房子价值 128 754 欧元。对同一栋房子的估价差别大于 10 000 欧元，纯粹是由事先提供的不同出售价格引起的。在这中间，只有 8% 的专家事后承认，他们作判断时，事先给的售价是排在第三个理由之后的。

如果现实的市场价格会作为一个锚点起作用，那么，有些经济学家的思想就能够解释为什么股票市场有时会走入歧途。**所有股票的现实市场价格如一个强有力的锚一样起作用，所有的投资者、储蓄者、资产管理者和其他的资本市场决策者将他们对市场未来的估计对准现实的股价。**如果这种思想是正确的话，那就意味着市场的现实价格对未来的价格有一个显著的影响。人们将明天的决策向今天的股价看齐。

由此，人们就有可能忽视那些将价格驱向一个新方向的因素。因为旧的那一套被当作了锚，当作了参照点，市场就在旧的轨道上飘浮前行。在极端的和动态的形式下，人们不得不这样设想：人们购入，因为股价上涨了；人们售出，因为股价下跌了。这很快就发展成了一个自觉的进程。锚定效应可以回答为什么有时资本市场会失去控制。

这就是锚定效应吗？大致上是这样，但还有一个问题没有解决：这个锚来自哪里呢？不同的锚都有着怎样的后果？为此，让我们来体验一下语言的误导性吧。

框架效应：话术如何影响选择？

在纽约世贸中心塔楼被袭后的最初几个小时里，布什政府谈论的是“犯罪”。可是很快就改变了措辞，变成“恐怖暴力”，再后来就成了反对“恐怖主义”的战争。作为这次袭击的后果，当美国人入侵伊拉克时，战争的“升级”迅速成了话题，美国政府用“激化”来代替“升级”。所以，不是战争的“升级”，而是一种“激化”，是一种快速的和强烈的变化。这两个例子说明了，我们对语言的反应是多么敏感：一场“反对恐怖主义的战争”不同于“反对犯罪”的战争，“激化”听起来也比“升级”要好。

语言美化或者渲染行为的例子比比皆是。如果要反对国家的开支计划，不要说“国家预算”，而要说“纳税人的钱”；谁要开除雇员的话，会说是“解放”；问题成了“挑战”；饭店或者房间简陋的设施成了“质朴的陈设”，并且总是“临近海滩”；酒会和放荡的行为成了一种“轻松的气氛”。一个最不知羞耻的语言美化是一位公司总裁在一次记者招待会上的解释。我本人参加了那次记者招待会。

当这位总裁被问及他企业的损失时，他回答说：“这不是损失，而是投资。”当然，最厉害的恐怕要数德意志银行总裁约瑟夫·阿克曼，他将解雇员工、把工作岗位转移到国外描述成“智能采购”。

人们不仅能够用语言进行美化，也能用它来制定具体的政策。这里有一个来自美国的带有政治爆炸性的例子。当2010年4月钻井平台“深水地平线”发生爆炸、墨西哥湾被污染的时候，钻井平台的所有者英国石油公司（BP）成了大众议论的话题。泄漏的井口向大海注射了几百万桶原油。当封住井口的能力越来越受到怀疑时，媒体中出现了一个引人关注的习惯用语：美国总统突然不再说 BP 公司，而是说英国石油公司，这是这家企业的旧名字。英国媒体对此作出了强烈的反应。他们把这种说法评论为美国试图将石油灾难的过错推到英国身上。

我们肯定也经历过类似的事情。我们如何评价一种情况，取决于我们从什么样的观点出发来体验它。我们看问题的视角经常是被调整好的，或者说是由第三方事先给定的，而这就会改变我们的判断。这就是所谓的“框架效应”，这是一个很难翻译的表述方法，它的直译“框架”只能让人们大致地猜想这指的是什么。框架效应指的是对一个问题的表述能够对我们的决定产生影响。比如说对于肉，我们会觉得“80% 瘦肉”的表述比“20% 肥肉”的表述更吸引人。尽管这两种表述从本质上说是没有区别的，但单单是表述就造成了差别，并影响到我们的态度。

按照传统的经济理论，我们决定喜欢或者不喜欢肉并不取决于它是如何被表述的。同一问题的两种不同表述应该始终导向一个相同的决定，但实际上却不是。这种现象被称为框架效应。如果相信框架效应，那么，不仅内容，而且内容的包装也是重要的。框架效应有助于我们更好地理解很多已经认识的现象。我们以损失厌恶开始。

我们设想你的家乡有 600 名居民，正受到一种流行病的威胁。现在有两种不同的治疗方法。你必须从中选择一种：

A. 如果实施治疗方法 A，有 200 人获救。

B. 如果实施治疗方法 B，有 600 人获救的概率是 33%，没人获救的概率是 67%。

你会决定采用哪种治疗方法？在这种情况下，大部分被询问者会选择治疗方法 A，保险的选项。

现在你再次设想你的家乡受某种流行病的威胁。现在有两种治疗方法可供选择：

C. 如果实施治疗方法 C，有 400 人会死亡。

D. 如果实施治疗方法 D，没人死亡的概率是 33%，600 人都死亡的概率是 67%。

如果你毫不犹豫地如大部分人那样作出决定的话，你就会选择治疗方法 D 了。但如果你更仔细地研究一下的话，就会发现这两组治疗方法的结果是完全相同的。用方案 A 和 C 都是 400 人死亡，或者说 200 人获救；用方案 B 和 D 都是全体获救的概率为 33%，全部死亡的概率为 67%。所以，尽管 A 和 C、B 和 D 结果是相同的，但由于问题表述的类型不同，我们的决定就改变了。这就是框架效应。

这个假设的、涉及当时科学界很著名的亚洲疾病问题的提问向我们展示了框架效应现象确实存在。但为什么我们在第一种情况下选了 A，而在第二种情况下选了 D 呢？造成这种不一致行为的原因是什么呢？

你知道这个问题的答案，这就是我们的损失恐惧，我们之前已经遇到过的损失厌恶。如果你再次仔细研究一下，你就会发现，这两种选项的区别在于对“获救”和“死亡”的表述上。在方案 A 中，人们会获救；在方案 C 中，人们会死亡。尽管从数字上来看是一样的，但是在选项 A 中，我们能够拯救的人处于中心的地位，而在选项 C 中强调的是不能被拯救的人。

如果你现在回想一下损失厌恶，你肯定会记得，它会使我们为了避免损失去做一切事情，比如冒更大的风险。在这里发生的正好是这种情况：“400 人会死亡”的这个表述让我们想到这种治疗方案带来的损失。因为想要阻止这种损失，所以我们会选择更具风险的方案。与此相反，“200 人被拯救”的这种表述让我们想到这种治疗方案能够拯救的人，所以，我们就会将注意力集中在这个赢利上，并选择比较保险的方案。

在这里，处置效应也起着作用。投资者倾向于出售赢利的股票，而持有亏损的股票。因为他们想确保赢利，避免损失。在我们的例子中，选项 A 的表述之所以被选中，是因为人们觉得 200 人幸免于难是一种赢利，他们想确保它。而与之相反，选项 C 则让我们联想到要面对损失，也就是说我们在冒险。因此，问题的表述会让我们把某种决策场景当成赢利或损失。

这是一个惊人的发现，它与目前为止我们所学的东西非常吻合。我们知道，人类喜欢避免损失；我们也知道，人类容易被某个决策问题的表述方法所影响；我们把这两种配料放到一个罐子里，就产生了导致昂贵错误的绝佳燃料。

我们以日常的采购开始。下面的两个报价，你认为哪个更便宜。一辆包括所有辅助功能的轿车，价格为 33 000 欧元，在这基础上，销售员能给你 3 000 欧元的价格折扣；或者同样的轿车，报价为 27 000 欧元，但要为一些辅助功能加价 3 000 欧元。当然，这两辆轿车的价格实际上是一样的。

可是，第一个选项会让我们觉得便宜一些，因为价格折扣把我们的注意力转向了节省。这是不折不扣的框架效应。然后，我们偏爱的如赢利之类的东西重新登场了。价格折扣如同赢利一样对我们产生作用，我们想要立即得到它。所以，我们宁可采用第一个选项，而不是第二个。与此相反，加价让购买者感觉是一种损失，是人们想要避免的。根据我们如何表述决策的场景，同样的产品，同样的价格会产生截然不同的效果。

所以，**框架效应和损失厌恶的组合影响我们的采购行为。**这也不是毫无理由。人们议论，信用卡行业对经销商在顾客用卡支付时收取额外费用的做法感到反感。如果不是刷卡额外收费，而是现金付款有折扣的话，对信用卡行业来说就更好一些，尽管总体上看结果是一样的。考虑到框架效应，现金付款时的折扣对信用卡行业来说更吸引人，因为这让顾客用卡消费时更轻松一些。刷卡加价会让顾客感觉是一种损失，而放弃现金消费的折扣就轻松得多了。对经销商来说正好相反，提供便宜的商品，在刷卡消费时要求额外加价，对他们来说更有利一些。

另外的一个例子是税收政策。是对某个特定的人群税收减负呢，还是对不属于这个人群的人税收加价呢？所以，人们可以把无子女家庭和多子女家庭的税赋差异表述为对多子女家庭的税收减负，或者是对无子女家庭的较高税赋。从经济学的角度来看，这两种方法是相同的。从政策上来说，税收减负更具吸引力，因为不堪重负的纳税人不会明白，已有一个人群被税收敲诈了。对别人的税收减负可不会加重我的税收负担，不是吗？相反，如果以另一种方式表述，一种其他人不需要交的较高税赋，立即就会让人感到心疼了。所以，**如果想利用框架效应向别人兜售什么东西，一定要这样来表述可选的方案，即把可怜的客户应该选择的选项描述成赢利。**

当基金公司和资产管理公司宣称它们的业绩时，会利用框架效应的另外一种形式。在这里，它们可以用两种方式来证明自己的能力：或者陈述它们的利润率达到了百分之几，或者指出它们是如何打败竞争者或者整个市场的。如果它获得了 10% 的利润，但与竞争者相比还是落后的，那它会避免以此来做广告，说自己的利润率比竞争者低两个百分点。同样，如果整个市场处于亏损状态，那它就会以此来宣传，说自己是如何跑赢整个市场的。如果人们说，与整体市场相比，它完全达到了同样水平的业绩，或者甚至还略好于整体市场，听起来就跟说有 10% 的亏损完全不同了。

也许我们也可以利用框架效应来获取利益，比如说摆脱锚定效应。我们回忆一下：你以某个价格购买了一只股票，现在，这只股票的价格下跌了。实际上你现在应该出售这只股票，它是损失的罪魁祸首和资产组合的毁坏者。可是，这里有这个愚蠢的锚定效应在作怪。买入价格被当作基准点，人们不愿意在这个价格之下出售股票，否则的话就要接受损失，这是我们拼命也要避免的。所以，损失厌恶和锚定效应组成了一个昂贵的结合，它会使我们固守着导致我们亏损的罪魁祸首。我们绝望地坚持着，希望它至少能够超过买入价格，尽管以现实的眼光来看，我们不得不承认这只股票永远也不会回到这个价位了。

框架效应在这里起什么作用呢？框架效应可以帮助我们通过忘却购买价格来打破损失厌恶和锚定效应的联姻。如果我们忘记了当初是以怎样的价格来获得一只股票或者某个物品的话，我们就有可能改善我们的投资决策。原因是很清楚的。一旦你不知道你为此支付了什么，也就不存在阻碍你售出的锚点了。

现在你可以做下面的事情。如果你以亏损的价位出售了股票，那么，就会对年度税务结算产生相应的影响，这种损失可以从税务结算的角度考虑。如果你把这种税赋节约看成是赢利（在某种程度上它也确实是赢利），那么，对一个人来说，作出与错误的投资一刀两断的决定就容易多了。你就是自己制作了一个框架，在精神上把损失转变成了赢利，这样就能够相对容易地作出出售亏损股票的决定。

有一个适用于退休金计划的类似的思想。如何能够吸引大家多储蓄呢？也许可以通过广告宣传有保障的退休生活？基于人们的损失厌恶，有另外一个更合适的主意。我们必须让大家明白，如果他们不实施退休金计划的话会失去什么。**对损失的恐惧是比未来赢利的诱惑更好的储蓄驱动器。**

研究人员根据有雇主补贴的健康计划账户的自愿储蓄金额对这种情况进行了研究。如果雇员往自己的健康计划账户中存钱的话，他们能从雇主那里得到补贴。研究结果表明，如果能让储蓄者想到，他们白白错过了什么，那么，自愿储蓄的金额就会高一些。作为广告口号，“别再失去金钱了”就比“现在开始节省金钱吧”更有吸引力。这也是一个框架效应。虽然宣传的产品是一样的，但被置入一个不同的关系中，其效果立即就完全不同了。

保险公司也很乐意利用框架效应。一个是在不出险的情况下有返款的高费率保险，一个是低费率，但有自我承担部分的保险。你会优先选择哪一个？大部分人会优先选择有返款的方案，因为返款就好像是赢利，而自我承担就好像是我们想要避免的损失。

纯粹从逻辑上看，这两个方案是相同的。在第一个方案中，你支付高额的保费，如果没有损失，你收回部分保费。如果出现了损失，保费就被保险公司保留了。

从总体概念上来说，这同自我承担部分损失没有什么不同，只是客户把这部分金额有保留地事先支付给了保险公司。准确地说，这个方案还更贵一些。因为你也可以选择低费率，但有自我承担部分的保险，然后把它与没有自我承担部分的保险的差额存到有利息的活期账户。如果你没有发生意外情况，这些钱会重新从活期账户回到你身边，这就是返款。当然还是有一定区别的。其区别就是，这部分返款的利息现在是落在你的手里，而不是在保险公司那里。

如你所见，人们以何种表述方式提出问题，会使人们的决策出现显著的区别。在这方面，美式棒球的传奇人物约吉·贝拉有过特别漂亮的表述。由此，我们又回到了我们的老问题：我们能从中学到什么？

换个角度看，损失变赢利

劳伦斯·彼得·约吉·贝拉出生于1925年，在圣路易斯长大。第二次世界大战中，贝拉曾服役于北非和意大利。盟军部队登陆诺曼底奥马哈海滩的进攻发起日，他也在奥马哈海滩。但贝拉因为美式棒球而闻名。作为球员，他是一个传奇人物。同样传奇的是他的那些格言，其中很多已经变成谚语了，如“未来不同于过去”“我从不回复匿名的信”“只要睁眼看，你就能观察到很多”或者“我们犯了太多错误的错误”。他真是一位格言的经典作家。有一次，贝拉被问到，他想把他的比萨饼切成多少块。他回答说：“切成四块，我还没有饿到要吃八块比萨的程度。”这就是框架效应在起作用。

如果谁如同约吉·贝拉那样掌握了框架效应，那么，他就有机会，至少在某种程度上摆脱这种效应。所以，我们必须学会不断地翻转事物，从两个方面来观察问题。以低于购入价格的价格出售股票当然是一种损失，但与此相联系的税收优惠也是一种赢利。这应该会使作出出售的决定稍显轻松一点。另外一个针对框架效应和昂贵的锚定效应的武器就是果断。很多实验显示，人们越是犹豫不决，锚定效应的作用就越大。如果不作决定的话，就容易被用框架效应或者锚定效应伪装起来的诡计伤害。

通过一个实验，我们可以使这种想法更清晰。我们询问受试者，他们准备以什么价格出售一台烤面包机。在这之前，我们还是抛出一个“锚”。我们让被测试人员说出，他们期望的价格是高于还是低于他们社保号码的后两位。这是一个锚，并且，这个锚起作用了。期望的价格都处在社保号码后两位数字的附近。

但如果我们告诉被测试者，他们已经决定要出售烤面包机，那么，锚定的力量就大大减弱了。如果受试者已经肯定他们要出售烤面包机，那么，他们就会让价格参照可比较的价格。现在，社保号码对价格要求就没有影响了，锚定效应不起作用了。但如果受试者还不确定，他们是否应该出售烤面包机，那么，他们估计的烤面包机的价值就会对价格有决定性影响，但这种估计的效用又是受锚定效应影响的。这种是否应该出售的不确定性，正是锚定效应是否起作用的关键。

现在我们就很清楚了，对付框架效应和锚定效应的第一个武器就是果断。第二个武器就是系统性对策。如果股市分析师、投资顾问或者同事说，某只股票的目标价值为 200 欧元，那你必须系统地进行考虑，为什么这只股票会下跌到 20 欧元。在每次购买时，都要与卖方换位思考：他出售的原因是什么？这些原因对我来说重要吗？

相反，如果卖方想要说服别人相信什么东西的话，也可以利用框架效应做一个小小的心理游戏，来把对方引向自己所希望的方向。如果想让某人作决定，那么，就要把无所作为的后果描述为损失，比如说：“如果我们不冒险的话，我们前面的投入就打水漂了。”因为面临着损失，人们就会坚定参与风险方案的决心。

相反，如果谁想给对方建议一个保险的方案，表述方式就不同了：“如果我们现在出售，那么我们保证能获得这个价格。”如果把这个行动的后果表述为赢利，那么，就能提高对方决定选择保险方案的倾向。

简单地说，对付框架效应和锚定效应的一种武器是逆向思维。如果股价目标是 200 欧元，为什么会变成 20 欧元呢？为什么这个交易是对对方有利的呢？或者按约吉·贝拉的说法：你要不断地问，为什么人们不是把比萨饼切成四块，而是八块呢？

如果想让自己的生活过得更好一点，那就采用被科学家称为“享乐主义框架”的框架效应。夸张地说，人们也可以称它为“长袜子皮皮策略”（《长袜子皮皮》是瑞典儿童文学作家阿斯特里德·格林伦的童话代表作之一。——译者注）。人们为自己创造一个让自己满意的世界。为此，我们要使用损失厌恶、相对性和框架效应的组合。在这里，有四个可能的策略。

策略一：单独享受你的每次赢利。如同我们已经看到的那样，对我们来说，两次 10 欧元比一次 20 欧元要更惬意。所以，你要尝试——享受你的赢利。尽管这不能提高你的富裕程度，但可以提高你的幸福感。当有损失时，也可使用同样的原则。

策略二：对你的损失使用一个想象的数字，把这些损失归纳为一个大损失。比如，不是连着两天损失 100 欧元，而是在两天内损失 200 欧元。尽管这不能减少损失，但可以使损失在心理上更容易被承受，因为如我们已经看到的那样，我们觉得 200 欧元的损失不像两次 100 欧元的损失那么糟。通过这条途径，我们甚至还有机会克服损失厌恶，比较容易与亏损的股票一刀两断。当然，实验表明，这项工作会让我们感到困难和痛苦。

策略三：用较大赢利来抵消较小损失。这会缩小损失厌恶，小损失会被大赢利所掩盖。因此，如果我们把亏损的股票放到资产组合整体赢利的关系中，就能使我们比较容易与它们一刀两断。是的，出售股票是一个亏损的买卖，但从资产组合总体来看，你还是赢利的。

策略四：把小赢利与大损失相分离。因此，你会为每只股票的小赢利而感到高兴，哪怕资产组合整体上是处于亏损状态。

综上所述，这些策略不能让你更富有，但可能会让你更快乐。它们有助于克服我们的损失厌恶，帮助我们采取更好的投资行为。当然，这听起来有些奇怪。只是改变了观察世界的角度，人们就会变得更幸福和更成功吗？但事实是人们正在运用这些策略，并且这些策略是如此出色，以至于我们现在要单列一章来叙述。一位获奖的演员用一个小问题清楚地表明了这一点。

GELD DENKT NICHT

第 6 章　心理账户

头脑中的瓶子，精神上的会计

两届奥斯卡奖得主达斯汀 · 霍夫曼明明有钱用来买书和娱乐，为什么还要向朋友借钱买食物？

下雨天不容易打到出租车，是因为司机提早关闭了“当天收入”的心理账户？

奥斯卡最佳男主角为何借钱买食物?

没有人天生就是两届奥斯卡奖得主。在达斯汀·霍夫曼凭借票房巨作如《毕业生》《克雷默夫妇》《杜丝先生》和《雨人》成名之前，他经常缺钱，以至于他不得不跟自己的好朋友、演员金·哈克曼借钱。如同金·哈克曼在一次采访中描述的那样，这对他来说，是一次奇特的经历。

霍夫曼问他，能否借一点儿钱给他。哈克曼回答说没有问题。然后，两人就走进了霍夫曼的厨房。哈克曼感到很诧异。在窗台上，立着几个装有钱的大口瓶，每个都贴有标签："书籍""娱乐"和其他的支出类别。所有瓶里都有钱，唯独贴有"食物"标签的瓶子里没有钱。很显然，霍夫曼需要借一笔钱买吃的。

哈克曼很惊诧：霍夫曼有钱，为什么还要借钱呢?霍夫曼的回答是："我不能就这样从别的瓶子里把钱拿出来。"显然，在霍夫曼的家庭财政里，每1美元都是有明确分配的，以至于他不能从标有"书籍"的瓶子里把钱拿出来去买食物。

对这个怪异故事的最好说明就是"心理账户"思想了。有时，操作某种类型的心理账户会导致让人惊奇的行为，并且花费很多成本。如果你的活期账户出现亏空，而你还有存款在一个低利息的储蓄账户里的话；如果你区别对待自己挣的钱和意外获得的赢利的话；如果你有信用卡问题的话；如果你付出过多的钱，但又不知为何的话：你就是有心理账户的问题。在这一章，我们想来探讨这个问题。那么，什么是心理账户呢？最好让我们借助一个简单的例子——著名的剧场例子来说明：

> 你想去剧院观看演出，并已经花 100 欧元买了一张票。来到售票处时，你发现买的票丢了，但你还有足够的钱再买一张票。你是会再买一张票，还是放弃这场演出呢？

如果你不再购买新票，那么，你的决定就同大部分被测试者一样。但在下面的情况下又会是怎样呢？

> 你想去剧院观看演出，票价为 100 欧元。你需要晚上在售票窗口买票。当你来到售票处时，发现你丢了一张 100 欧元的钞票。你还有足够的钱来买票。你是会买票还是放弃这场演出？

在这种情景中，只有 12% 的被测试者表示不再买票。尽管从经济学的角度来看，这两者涉及的是同样的问题，不管怎样，你都是丢了 100 欧元。那么，在这里究竟发生了什么呢？

对这种行为的一个解释就是达斯汀·霍夫曼的大口瓶。观看演出者有一个贴着“观看演出”字样的大口瓶，对这个瓶子，他只规划了 100 欧元。如果他把票丢了，他不会简单地从其他的瓶子里拿 100 欧元过来，因为那些钱不是用来看剧的。所以，他就放弃了这场演出。但是为什么在第二种情景里人们还是选择观看演出呢？很简单，他丢失的那 100 欧元不是出自“观看演出”的瓶子，而是一个贴有“倒霉事故”“不幸事故”或者“不可预见的支出”标签的瓶子。但在“观看演出”的瓶子里，那100欧元还在，所以，他还是会买票。这就是心理账户，我们的精神会计。

所以，心理账户是精神上的大口瓶，我们借助它来管理财务。在传统经济学里，人们只有一个大口瓶，他们的所有收入和支出都放在这个瓶子里。如果从瓶子里取钱，我们会考虑这样做对这个瓶子的整体有什么影响。比如在演出票这种情况中，我们来到售票处，发现我们的资产缩水了100欧元。怎么会发生这种情况呢？我们是丢失了价值100欧元的票还是100欧元的现钞，在这时都无关紧要。我们只会考虑，我们的整体资产是否还能承受再支付100欧元，然后采取相应的行动。在这个模式中，我们丢失的是票或是100欧元现钞其实并没有什么区别。

与此相反，根据心理账户效应，人们在心里设置了各种不同的账户，而且不止一个。同达斯汀·霍夫曼一样，他们有很多大口瓶放在思想的窗台上。如果现在他们必须作出一个决定，他们不是考虑所有大口瓶，而只会注意某个精神上的大口瓶。这样的话，我们就能解释，在演出票的问题上发生了什么。在第一种情景中，被测试者已经从标有“观看演出”的瓶子中把演出票的成本取出了。如果现在他们必须买第二张票，那么他们就要从同样的瓶子里取钱，观看演出的心理成本就变成了200欧元。这太贵了，所以，他们决定不看了。

在第二种情景中，丢失的100欧元是从名为“其他损失”的瓶子中取出的，不能把它归为看剧成本。所以，观看演出的成本不是200欧元，而是100欧元。他们可以去剧场观看演出。这是人们对损失的不同入账方式，这使我们区别对待丢失的100欧元演出票和丢失的100欧元现钞。所以，如果面对前一种情况，我们会放弃入场；如果面对后一种情况，我们会买票入场。

心理账户是一种心理上的辅助工具，是一个框架。在这个框架内，人们描述、评估和组合他的各种财务行为的可能后果。如大公司一样，我们在各种不同的心理账户上管理我们的业务。

如果我们做得比较夸张的话，那就是真正竖几个大口瓶在那里，并给它们贴上标签。为什么人们要这样做呢？原因是显而易见的。在决策时，没有人能够考虑该决策对现实和未来财务状况的影响。大部分人恐怕都不能确定他们的资产到底有多少，那怎么能够确定某个行动对整体资产的影响呢？

心理账户可以帮助我们从总体上看清支出和收入、成本和产出。你能设想，对每次采购、每项支出以及每项收入都进行审核，审核它们对你的整体财务状况以及未来生活水平有什么影响吗？如果你丢失了 100 欧元，现在正考虑是否要买演出票，按照传统经济学的理论，你必须从头到尾计算一遍，与购买演出票相比，把这 100 欧元用于养老金计划，或者用于偿还抵押贷款，哪种做法更好。你必须把这笔钱每种可能的用途都演算一遍。

没有人能够且愿意这么做。而且，为了这么一点钱，这么做也不经济。因为与涉及的金额相比，进行这样的考虑所花费的时间和精力都太多了。所以，我们只是检查丢失 100 欧元对我们的“观看演出”账户有什么影响，然后就决定是买票还是不买。这种观点很好地解释了，为什么人们在进行大额消费时会全面彻底地进行复核、考虑和权衡，而在采购小的生活用品时却非常慷慨大方。对此，我们已经进行过阐述。现在让我们再来看看，为什么生活中的小东西这么昂贵？

小额支出：“现在这已不再重要”

“现在这已不再重要”，如我们所见，对于我们的财务预算来说，这是最昂贵的语句之一。如果一个人刚刚为一台计算机付出了 1 000 欧元，那他就会非常慷慨地不再询问一份 60 欧元的年度保险是否太贵了。在已经支付了 1 000 欧元之后，这 60 欧元就可以被忽略了。这是相对性使然。如果只是面对一个支付 60 欧元的决策，那么，我们会进行彻底计算。但如果这是为计算机支付了 1 000 欧元之后附加的 60 欧元，那我们很快就会作出决定。

现在，借助心理账户，我们能够更好地理解这种相对性效应。我们为购买一台计算机开设了一个心理账户，在精神的窗台上放了一个贴有标签“购买计算机”的大口瓶。如果现在我们获得了保险的报价，那么，我们会把保险的成本记在同一个账户上，我们从同一个大口瓶中取出货币。与此同时，伴随着相对性效应，与 1 000 欧元相比，60 欧元已不再重要了。

相反，如果我们将保险与计算机分开购买，那么，我们会把保险计入另外一个心理账户，比如，我们将从“保险”大口瓶中取出这些货币。现在，我们会把这 60 欧元同家用电器的保险相比较。并且，我们可能发现，这份家用电器保险也覆盖部分的损失情况，而正是为了避免这些损失，人们在竭力地向我们兜售这份昂贵的附加保险。因此，我们会认识到，这份附加保险是个昂贵的笑话。

如果我们把小额支出记入大额支出项目的账户的话，相对性陷阱就会发挥作用。避开这种陷阱的技巧在于改变心理账户的记账方式。这就是使用等候的技巧。我们不立即为昂贵的计算机或者汽车购买保险，而是等上几天。通常这会改变我们的会计入账：现在，这些钱不是出自贴有“购买汽车”或者“购买计算机”标签的大口瓶，而是出自贴有“保险”标签的大口瓶。由此，汽车或者计算机的高昂价格不再被作为参照值，而这能够让人们对保险的价值进行更实际的评估。

演出票的实验显示了，人们可以改变他的心理账户会计入账。我们把两个问题放到同一组被测试者面前。一次丢失演出票，一次丢失 100

欧元现钞。我们以第二种情景开始。如果我们先提出丢失现钞的情景，再接着提出丢失演出票的情景，那么，愿意购买第二张演出票的人明显增加了。很显然，在这种序列中，被测试者认识到，对于他们的总体资产来说，这两种情景是一样的。

这就是心理账户，它削弱了我们的支出原则。通过把小额支出同大额支出一起入账，我们失去了对这些小额支出的控制，所以购买了昂贵的小东西。不仅如此，我们还有把小额支出记入一个名为“混合账户”的习惯。这个账户真的很昂贵。

为什么要设立这样一个账户？很显然，如果我们对支出的每一分钱都推敲它对整体资产和未来生活水平意味着什么，如果我们每次都要考虑这些小钱属于什么账户，应该如何评估它，实在太费时费神了。因此，人们就设立了一个“混合账户”，把不能或者不愿准确归类的所有小额支出都记在这个账户里。

如果不对这个账户加以控制，轻率地把各种小额支出都记入，那么，它就会变得越来越大。如果每天盘点现金，查看一下到底是哪些支出累积在这个账户里，我们会大吃一惊。

不妨做一个试验。用一个月的时间，把所有不能或者不愿准确归类的小额开支写下来，然后在月底加总，你会发现，这是一个可观的数目。所以，如果一个人自称“生活节约”，对每项支出都仔细权衡，但仍然捉襟见肘的话，那他就应该检查一下这项支出，看看每个月这些小钱都花到哪儿了。

额外收入，格外好花

在心理账户方面，还可能发生更糟的事情。我们的心理账户有可能让馈赠货币变成昂贵的东西。至少经济学家马克思·巴泽曼、凯瑟琳·米尔科曼、约翰·贝希尔斯和托德·罗杰斯相信这一点。

他们做了一个耗资巨大的实验，这是只有设备齐全的美国大学才能承担的实验。他们给一家网上生活用品销售商的 3 000 名客户每人派发了 10 美元抵扣券，然后把这些客户的购买行为同没有获得抵扣券的客户的购买行为作比较。其结果是，客户拿着抵扣券采购平均会多支出 1.3%，比正常情况下多支出 1.59 美元。而且，在大多数情况下，他们会把钱花在通常不会买的商品上。

巴泽曼和他的同事们将这归咎于心理账户效应。馈赠的货币，特别是小金额的馈赠货币会被放入“其他”账户，并由此躲开了我们的支出原则。所以，它们会立即被支出，并且首先用于那些平常不被允许购买的东西。由此，我们的总体支出提高了。

从很多的研究报告中我们得知，**与赚来的钱或者节省下来的钱相比，人们会更轻率地花费意外收入，如彩票奖金、意外的返款以及捡到的钱。**这类意外获得的货币在心理上与有规律的收入采取不一样的入账方式，因此，管理起来也比较马虎，但这对家庭的财政预算有很大的不良影响。想要个例子吗？

你在一个电视竞猜节目中赢了 500 欧元。你会用这个小小的恩赐来做什么？大部分被询问者都会用这些钱购买略显奢侈的东西或者一些他们并不一定需要的东西。但如果你赢得的不是 500 欧元，而是 1 万欧元，那又会怎么样呢？当主持人问智力竞猜的参与者，如果他们答对了百万大奖的问题，他们会做什么时，通常的答案是用于偿付抵押贷款、分期付款、退休金计划，诸如此类；但对于小额账户，人们会把它用于娱乐和消遣。这一点值得注意：如果我们只赢得了很少的钱，那么我们会毫不犹豫地把它全部花掉。相反，对于一个大的金额，我们则会仔细考虑。为什么我们不从小金额中拿出一部分来，为抵押贷款、分期付款或者其他类似的遥远支出储蓄起来呢？理由很简单，小金额被计入“其他”账户上，因此不受控制。

这是一个值得注意的观点：我们对待小额货币的态度不同于大额货币。其结果是，我们不是在大额支出上而是在小额支出上，在不受财务监督的情况下损失货币。不仅如此，对不定期的货币收入，如超市赠送的优惠券，我们的处理方式也是非常不负责的。同工资相比，我们会更轻易地花掉偶然、意外获得的收入如彩票奖金、幸运游戏奖金等，并且是为了一些不重要的消费。从竞猜节目获得的 500 欧元，我们会很轻松地因为一些无关紧要的东西而花掉，而对待 500 欧元工资，我们处理起来就会谨慎得多。其原因就是，我们把从竞猜节目得到的钱（馈赠）与每月从雇主那里得到的钱记在了不同的心理账户上。

这又是一个很重要的观点。**不仅仅是货币的来源，金额的大小也会决定其使用方式。金额越小，货币来源越不寻常，我们就越倾向于慷慨解囊。因此，一个人如果想更好地控制自己的财务状况，首先必须忘掉钱是从哪里来的，其次必须更加关注小额支出。**这就给我们提出了一个问题：我们应该如何设置账户？我们应该按照怎样的体系来决定管理多少大口瓶并且如何给它们贴标签？下面让我们来看一下某个出版社的幸运员工们，他们被雇主邀请去了赌场。

> 这个出版社的职员真是幸运儿。出版社年会在巴哈马进行，而且公司为了他们出色的工作还要发奖金，每个员工将得到 50 欧元。他们会拿这笔意外的收入做什么呢？最好是去赌场，他们也确实这么做了。当然，大部分员工不是没完没了地赌，而是一旦损失达到 50 欧元就收手。这是心理账户的一个典型的例子：输掉的 50 欧元不是他们自己的钱，而是出版社的钱。

有些专家也在美国的妓女那里发现了心理账户的现象。她们把通过社会福利或者其他政府资助获得的钱主要用于各种必需品的开支，而将通过性服务得来的钱随随便便地用于毒品和酒类，哪怕是在连生活费都没有的情况下。每年从税务局获得退款的纳税人也用类似的方法处理问题。退款经常被当作馈赠来处理，很快就被挥霍一空，尽管这些同样是辛苦挣来的钱。而定期的收入就会以不同于一次性和不定期的收入的方式来处置。

心理账户也在馈赠方面起作用，比如货币馈赠。如果我们得到赠送的货币，比如生日礼金，我们很难把它用于支付工匠账单或者汽车修理。毕竟这是送给我们的钱，为的是犒劳我们自己。

人们为何越亏损越投入？

心理账户也可以解释，为什么我们会在损失的基础上进一步增加成本。还记得 361 号鸽子吗？还记得鲍里斯·戈杜诺夫和协和效应吗？我们把它命名为“不浪费任何东西的谬误”。现在，我们能够更好地理解到底发生了什么吗？

当我们购买一张剧院的演出票时，我们设置了一个标签为“戏剧”的心理账户。现在，如果我们让这张票作废，那么，我们必须以损失来结算这个账户。因此，我们宁可去观看演出，哪怕是暴雨和大雪，哪怕生病或者根本没有兴趣，哪怕派 12 岁的儿子去。我们愿意在损失的基础上增加成本，这产生于损失厌恶和心理账户的组合。

这在股票购买方面也起作用。假定我们在“超级集团”的股票上投资了 1 000 欧元。现在股价开始下跌。我们的“超级集团”股票心理账户处于亏损状态。出于对关闭这个账户的恐惧，我们会一直持有这只股票，直到这只股票至少能重新涨回到购入价格，然后将这个账户轧平，也就是说出售这只股票，以一个黑色的“0”来结束这个账户。

这就是我们前面学过的处置效应。可惜，这里既不会有黑色的“0”，也不会有红色的“0”，而只有一个货真价实的负数。在你的资金被套在“超级集团”股票上的时候，你本可以将它投资于其他方面。因此，只是因为你不愿意以亏损的结果关闭这个账户，你便与其他好的获利机会失之交臂。

这种观点能够解释为什么投资者特别喜欢保本产品。而在很多专家的眼里，这些保本产品根本就是多余的和过于昂贵的。一个购买保本产品的投资者只开设一个账户，因为他购买的是一种保本产品，所以总的来说永远不会滑到亏损的界限里去。所以，人们不需要关心这个产品（以及与此相关的账户），并且会有一种放松的感觉，这个账户不会以亏损而关闭。但实际上投资者是用价值增值方面的损失来支付这个保证的，这一点，在这个心理账户里被投资者忽视了。这是为损失厌恶支付的代价。同时，这也有助于解释，为什么德国人倾向于把人寿保险作为退休金计划。

只顾一个钱包，忽略整座金库

在投资时，心理账户提出了一个很大的问题。人们在精神上给每个投资对象设立了一个账户，而不去苦苦思索整体资产组合的问题。所以，他们不考虑该如何建立整体资产组合，而是为单一的项目绞尽脑汁。这使得他们会拥有与整体资产组合不相配的单一项目。这就好像是一个大厨花了很多精力挑选食材，但却不关注到底要用这些材料做什么菜。人们花很多时间研究和分析资产组合中的单一股票，却忽视了这只股票与整体不相适应。比如，如果一个人的资产组合中只有汽车股票，那他迟早会遭受灭顶之灾，不管他多么细心地挑选每一只股票。此外，专业的资产管理公司把每笔交易都告诉客户。在这种情况下，客户就不会去关注整体的资产组合，而是经常打电话，抱怨他们的资产管理公司把某只特定的股票卖掉了。

对于有些事情，你可能会说，你并没有这么做。这也是有道理的，这正是心理账户效应的一个缺陷。人们如何在心理账户中记账，并没有普遍规则，每个人都不一样。但也许有三大类别，大多数人都会以类似的方式来处理和入账，这就是支出、资产和收入。在这三大类的下面，我们会设置小类。比如，我们把收入区分为定期收入和偶然收入；把支出分为租金、食物、定期支出和一次性支出；把储蓄分为退休金计划和紧急备用金。如果理解了心理账户效应，你肯定很快就会认识到，你记录每一笔收入或者支出的类型和方式对你的支出行为有很大影响。

我们已经看到，向“各种各样”或者“零碎物件”账户入账会以相当微妙的方式损害我们的支出原则。向“运气”或者“额外赠送的货币”账户入账也一样。请问，你有透支的信用卡或者亏空的活期账户吗？这种情况有可能发生。但你同时还有资金放在利息很低的储蓄账户吗？如果有，那你为什么不用这些钱去偿还信用卡或者活期账户的透支额呢？2% 的储蓄利息，10% ~ 16% 的活期账户透支利息，为什么人们会做这种毫无理性的事呢？尽管这个数据分析明白易懂，但很多人还是不会去动用储蓄账户，继续白白地送钱给别人。

人们不愿用低利息的退休金计划存款去偿付高利息的债务，其原因就在于心理账户。退休金计划存款是单独入账的，它同眼下的现金流动性没有关系。我们不动用退休金计划账户的资金，因为我们坚持着储蓄原则。

如果我们轻信打折促销的话，心理账户也会参与其中。当我们看到能够以大幅的折扣来购买一个商品，我们就会为其设置一个单独账户。在这个账户上，如果购买降价商品，我们就获利了。但当我们设置这个账户时，却忘记了整体的账户。从整体账户角度来看，我们其实是亏损了，因为我们根本不需要这个特价商品。由于“特价”账户的存在，我们购买这个商品，却忘记了这个商品的整体效用。概括地说，这就是一个错觉。

心理账户也在某个广泛传播的资产组合保障策略的背后起着作用。很多投资者把资产组合拆分为非常谨慎的、有保障的部分和有风险的部分。但纯粹从理论角度来看，人们应该在整体上，根据所有项目的风险和收益来安排投资。

这也可以解释为什么很多投资者只对某个业务采取保障措施，比如利用衍生工具。他们只是保障单个项目，也就是单个账户，而不是关心所有项目的保障。在这一点上，人们通过所谓的“覆盖管理”，也就是所有资产的全面综合保障来解决这个问题。

有些专家认为，心理账户也能够解释“1 月效应”。在很多国家，1 月的股价会上升。这同理性资本市场的思想是不相吻合的。这又是资本市场的反常现象之一（如同工作日效应一样）。如果人们知道 1 月股价将会上升，那么他们就会在 12 月投资，由此，股价在 12 月就会上升，这种效应就该消失，否则就存在未被利用的赢利可能性。这在理性的经济世界的股市上是不可思议的。最容易想到的一个解释即税收也被排除了，因为这种效应在有着其他税务年度的国家也存在，比如 4 月开始税务年度的英国或者 7 月开始税务年度的澳大利亚。

但心理账户可以解释这种效应。人们把年底看成一个好机会，可以重新规划或清除遗留问题。在新年，很多旧的心理账户被关闭，很多新的心理账户被开启，于是推动了股市上涨。

信用卡：金融核武器

心理账户效应的最后一个应用，就是我们能够想象得到的、财务原则最大的损毁者——信用卡。我们想在这里再次对其加以考察。

美国的电视节目不太适合易动感情和注重文化的中欧人观看，比如吉姆·克莱默和他的节目《疯狂金钱》。克莱默以前是一名对冲基金经理，他在节目里打扮成一名医生，在演播室乱扔自己的著作，挥舞马鞭，切碎玩具娃娃。他大谈特谈美国联邦储备委员会主席本·伯南克对金融“一窍不通”，美国联邦储备委员会是“精神失常的”。在访问哈佛大学时，他还曾经播放重金属音乐，并且让肌肉发达的大学生来扔办公家具，还伴随着阵阵狂叫。

他的同事戴夫·拉姆齐（美国知名理财专家，美国财经电视台节目主持人。——译者注）则是一个比较安静的人，就好像是美国电视中的彼得·茨威格特（德国债务专家、社会教育家和电视演员。——译者注）。拉姆齐的信条是“不欠债”。他对信用卡有一种特别的感情，并称它为“一种令人讨厌的产品”。他说：“如果你用现金支付，你会感到心疼，你能感觉得到。但你用这种塑料货币支付，你就根本感觉不到什么了。”他没有信用卡。他让追随者在摄像机前把他们的信用卡烧掉、锯碎或者敲碎。这就是美国的电视节目。

信用卡在美国被广泛使用，大约75%的家庭至少有一张信用卡。这个数字在20世纪80年代初还只有43%。现在，特别是在贫困家庭，信用卡的使用范围比20世纪80年代要广泛得多。美国信用卡使用者的平均贷款数为1 700美元。信用卡的债务总额达到大约9 500亿美元，几乎达到1万亿美元，并且，这个金额的7% ~ 8%是无法收回的。估计有3 500万美国人过度负债。

在一些经济学家的眼里，信用卡是金融核武器，它摧毁我们的财务和规则。是什么东西使得这张塑料卡片变得如此危险呢？原因之一是信用卡是一种备用贷款，它使拥有者可以在任何时候借债。这有些不同于住房贷款。首先，住房贷款是一笔大金额的贷款；其次，住房贷款会被记入“住房”的心理账户，所以会受到很多关注。与此相反，在信用卡上，人们没有作出明确的接受贷款的决定，但他们又能够随时使用这些资金。

这就骑上了债务的旋转木马。这不是单个的大额贷款，而是许许多多的小额贷款，它们统统被记入“各种不同的负债”账户里。转眼之间，许多的小额债务就变成了贷款的大山。这个原理我们已经了解了。小金额容易逃脱我们的注意，而我们也常常低估积少成多的危险。否则，我们根本无法解释为什么有的人债务高达 7 位数还会在植物园里从容漫步。

更糟的是，我们的头脑显然不把这种塑料货币看成真正的货币，所以，我们会非常轻率地对待它。经济学家曾在他们的学生中拍卖波士顿凯尔特人队比赛的入场券。一半的大学生必须用现金支付，而另外一半的学生则使用信用卡支付。其结果显示了人们多么不重视塑料货币。用信用卡支付的大学生的报价几乎相当于用现金支付的大学生的 2 倍。

塑料货币是游戏货币，使用它的后果是很严重的，毕竟花游戏货币总比花真实货币要轻松得多。从这点来说，拉姆齐还是有道理的：“如果你用现金支付，你会感到心疼，你能感觉得到。但如果你用这种塑料货币支付，你就根本感觉不到什么了。”从心理学的角度来看，这是完全正确的。

不仅如此。信用卡还把付款同购买的过程分离开来，这使得我们不再能正确洞察购买成本。很多研究报告确实显示了，如果消费者不是用信用卡，而是用现金支付的话，他们能够更好地回忆采购成本。一旦我们不知道采购成本，就无法在心理账户里准确入账，而这会违背我们的支出原则，同时也让我们无法整体把握账户。此外，通过信用卡支付显得比较便宜，因为我们无法直接感觉到损失。“现在买，以后付”，广告就是这么说的。正确的说法应该是：现在买，以后悔。

更为复杂的是，用信用卡支付带来的懊悔还没有用现金支付带来的懊悔那么大。其原因是，我们用信用卡购买东西的账单不是分开的，而是所有账单一起收到的。你还记得前景理论吗？我们知道，按照赢利和损失的大小，它们在人们心中有不同的权重。为此，我们观察了下面的情况：

A. 在两天内各得到一张 100 欧元的支票。

B. 在一天得到一张 200 欧元的支票。

结果，尽管这两种选项是一样的，但大部分人选择了选项 A。在我们的眼里，两次 100 欧元的收入比一次 200 欧元高。对我们来说，第一个 200 欧元看起来比第二个 200 欧元更有价值。我们也知道，这个原则同样适用于损失和支出。

我们回到信用卡话题。信用卡加快了支出的速度，却不让人感到心疼。好像我们是在一个月里支付一次 200 欧元，而不是在一周里支付两次 100 欧元，因为通过信用卡的两次支付是一次性结账的。与两次结账相比，这不会让人感到太心疼，尽管我们付出了同样的钱。这会让我们过于挥霍，提高消费的风险。

总而言之，很多情况表明，心理账户会让我们花掉更多的钱。所以，还是老问题：我们能从中学到什么？

为什么下雨天不容易打到出租车?

为什么在下雨天不容易打到出租车?这还没有得到科学验证,但我们至少在主观上有这样一种印象,即在下雨天打出租车明显比较困难。其中一个原因,可能是个人感觉。因为在雨天等出租车是一件痛苦的事,所以我们比较容易记住这件事。第二个原因是在雨天,人们对出租车的需求比较大。第三个原因可能就是心理账户了。很多人为他们的收入建立心理账户,以此来控制每天、每周或者每月的收入。特别是当他是一个自由职业者时,经常会为自己设定一个必须达到的收入界限。如果达到了这个界限,他就会收工,或者把在这之上获得的收入视为额外收入。所以,人们也倾向于比较轻率地把这部分额外收入花出去。

出租车司机就属于这种至少是部分能够控制自己收入的人群。科学家研究了出租车司机,至少是纽约出租车司机对收入的态度。每个出租车司机开一天车,收支自负。如果按逻辑来思考的话,司机们应该在好挣钱的日子开得久一点,在不好挣钱的日子早一点收工,因为这种日子显然不值得多开车。但事实上,纽约出租车司机的行为方式是,事先确定一个日收入目标,如果达到了这个目标,他们就会提早收工。所以,在好挣钱的日子里,他们提早收工,而在不好挣钱的日子里则多工作一些时间。

这就可以解释下雨天出租车难打的问题。如果天气不好,出租车司机的生意就不错，他们就能够提早关闭“我每天要达到的收入”这个心理账户，提早下班。所以，在雨天，人们很难打到出租车，也许是因为出租车司机提早下班了。

心理账户很喜欢和我们开玩笑，但正如我们后面将会看到的，如果我们能够设置更多自律条件的话，心理账户也会带来好处。技巧之一就是拖延。

心理账户的一个优点就是它不是固定不变的，而是可以灵活变动的。利用这一点，我们可以在许多小的支出项目面前保护自己。假设我们获得了一笔意外收入，如彩票奖金、退税、馈赠等，我们很容易迅速地、不加考虑地花掉这类收入，因为我们把它记在“额外收入”账户上。如果我们将这些收入记到其他账户上，比如我们不愿意动用的“退休金计划”账户，情况又会是怎样呢？这可能会终结我们过度支出的财务现状。

具体来说，你可以暂缓支出这笔钱，给自己一些思考时间。你可以这样想：“我要花掉这些退税款，但要在 3 个月以后。”于是，除了由此造成的延迟的欢乐以外，还发生了一些不同的事：这些货币转入了另一个心理账户。它们不再是意外的幸运收入，而变成了财产。于是，我们就很难花掉它。

由于把小额支出记在“各种各样”账户上，它们躲开了我们“财务雷达”的监控。对此，我们能做什么呢？我们可以采用“把小金额变成大金额”的方法。一个人如果想戒烟，就不要想“每天只花费 4 欧元”，而要想“每月花费 120 欧元”。这是一个不会轻易地迷失于“各种各样”账户的金额，因此会受到严密监控。我们也可以通过设立类似“采购”的账户来控制开支，甚至花精力记录一个月的冲动型采购支出。这样我们就能看到，那些不引人注目的小金额会变出大笔的钱。

当然，心理账户的益处还有很多，我们想留在后面再来考察。在这里，首先要提一个简单的问题：你依恋你的财产吗？这跟迦太基战争有什么关系？

GELD DENKT NICHT

第 7 章　被动决策

不作为的代价有多大？

坎培斯面包店股价一路走低，我却因为它是“我的股票”“我的企业”而继续做它的股东，哪怕损失惨重也在所不惜。

新可口可乐在上市前的盲测中取得了很好的成绩，上市后却遭到客户的强烈抗议而从货架上消失。“惯性谬误”如何让为保持现状而不作为的人们付出昂贵的机会成本？

禀赋效应：自己买的股票更值钱？

人们可以认为，罗马统帅昆图斯·费边·马克西穆斯·维尔鲁科苏斯不是一个行为果敢的人。第二次迦太基战争，与汉尼拔对阵时，他并不与后者正面交锋，而是让做好战斗准备的士兵从一个安全的距离监视汉尼拔的军队，寻找能够抓住敌人弱点的机会。这种回避正面作战的方法，现在被称为“游击战术”。

为此，费边不得不忍受别人对这种战术的批评，特别是在汉尼拔横扫意大利后。汉尼拔在所到之处实行焦土政策，唯独费边的庄园不受打扰。随着时间推移，通过拖延和干扰战术来消耗汉尼拔军队的想法被证明是相当成功的。在罗马，费边被赞誉为“拖延者”。从那以后，这个绰号就成了他的荣誉称号。

只有极少数人能够通过无所事事取得成功，通过拖延拯救世界。在大多数情况下，长时间等待的倾向会让我们付出金钱的代价。有时，在决策时优柔寡断甚至是一件危险的事情。在本章，我们将探讨在决策和改变方面的无力，以及极易受“禀赋效应”即“占有物效应”影响的问题。

热爱占有物的问题，我们每个人都曾亲身经历过。

在几年前，一个朋友要卖一把昂贵的吉他给我。实际上，我没有买乐器的计划，但我朋友建议我把这把好吉他拿回家，试弹一下。我随时可以把它送回，没有义务非要购买。你猜结果是什么? 这把吉他一直没有回到我朋友的手中，相反，我为这个本不想购买的乐器付出了大量金钱。

专业人士把这种沉溺于占有物的现象称为“禀赋效应”。禀赋效应产生得比人们想象的要快。为此，加拿大西蒙弗雷泽大学的杰克·肯内奇教授做了一个引人注目的实验。肯内奇让大学生们填一个很无聊的表格，作为感谢，他送给他们一个带有大学图标的咖啡杯。然后，肯内奇建议他们用这个咖啡杯交换巧克力条。但大部分大学生不愿意，大约 90% 的大学生宁可保留咖啡杯。

然后，肯内奇又做了一遍同样的实验，只是这一次他送给大学生们巧克力条，然后提示他们可以用巧克力条交换咖啡杯。这一次，90% 的参与人员反过来保留了巧克力条。对于第三组大学生，肯内奇让他们在巧克力条和咖啡杯之间自由选择。结果又是不同的：大约 56% 的大学生要咖啡杯，44% 的大学生要巧克力条。

这个结果很值得注意。如果送给大学生咖啡杯，他们就不愿意用它来交换巧克力条；如果送给大学生巧克力条，他们就不愿意用它来交换咖啡杯。如果让他们自由选择，那么，约有一半的人选择咖啡杯、约有一半的人选择巧克力条。肯内奇对这个发现的解释是：人们依恋他们的财产。人们给自己的占有物一个更高的估值，改变了他们对所占有对象的态度。如果我们拥有它，它对我们来说就更有价值了。

为了进一步检验这种禀赋效应，科学家们在实验室中模拟市场，让被测试人员在这些市场中买卖商品。实验结果证明，出售者所要求的价格毫无例外地都高于购买者愿意支付的价格。这可以通过禀赋效应来解释。出售某件物品的人就是这件物品的占有者。如果过度依恋我们所占有的物品，那么对它的报价就会更高。潜在的购买者没有占有物品，所以他们同样受制于禀赋效应，只愿意支付较低的价格。

如果这种观点是正确的，那就意味着，从趋势上来说，有禀赋效应的市场的交易量要比没有禀赋效应的市场的交易量低。因为出售者要求过高的价格，而购买者只愿意支付较低的价格，所以有禀赋效应的市场上交易成功的商品会比没有禀赋效应的市场少。

当然，金融市场例外。因为其他实验表明，禀赋效应只存在于物品交易中，而会不影响抽象的东西，如有价证券。如果人们组织市场对可以兑换货币的有价证券进行交易，禀赋效应就不会出现。如果参与金融市场的专业人员不把他们用来交易的有价证券视为物品，而视为抽象的东西，那么，他们就会较少地受制于禀赋效应。

通过进一步观察我们可以发现，专业的经销商较少受这种效应的驱使。估计是因为他们不是把出售的商品看作自己的占有物，而是把它视为流转项目。

相反，在非专业人士那里，禀赋效应可能产生严重的后果。其中一个后果就是，在我的房间里立着一把我不想购买的吉他。当我把这把吉他拿回家时，禀赋效应发生了作用。类似于得到巧克力条或咖啡杯的大学生，当我把吉他带回家，放在客厅，并且弹奏它时，这把吉他就“升值”了。

试用后无条件退还正是这样起作用的。售货员引诱我们说，你可以随时把它交回，不一定要购买。其实他们知道，要让我们把在心理上已经占有的某件物品交回并不是一件容易的事。实验表明，一旦同意试用，我们的购买愿望就提高了，并愿意为它支付更高的价格。

所以，这很有可能是昂贵的试用。不过，禀赋效用不仅能够让我们轻率地购买，也会让我们不购买。你喜欢足球吗？

你真是很幸运，在一次抽奖中，你得到了一张欧洲足球锦标赛决赛的入场券，而且是最好的座位。你的朋友祝贺你，但同时也清楚地向你表示，他想支付很多钱来购买这张入场券。你会为这张入场券报什么价格？

当你回答了这个问题后，请再看下面这个问题，请不要犹豫立即作出回答：

你的朋友真是一个幸运儿。他搞到了一张欧洲足球锦标赛决赛的入场券，并且是最好的座位。你祝贺他，但同时也清楚地向他表示，你想购买这张入场券。你准备为这张入场券支付多少钱？

如果你像大部分被询问的人那样反应的话，你要求得到的入场券的售价就会高于你自己愿意支付的价格。这就是禀赋效应。如果你拥有这张入场券，你会要求一个比你自己愿意支付的价格更高的价格。

你可以设想，这对我们拥有的财产来说意味着什么？人们非常不愿意放弃这些财产。你必须出售你的房子？这会变得很难，这可是你的房子。你想出售这些旧的油画吗？你的要价很可能会很高。很难说这种情况是否也适用于有价证券。如之前已经指出的那样，很多实验表明，实物，特别是耐用消费品会产生禀赋效应，而它在有价证券方面则不起作用。也许，这取决于人们对“我的股票”采取一种什么样的态度。比较危险的是，购买了某家企业的股票，然后把这家企业当成了“我的企业”。比如，我就在坎培斯面包店上赔了钱。

海纳·坎培斯是一个自主创业的百万富翁，一个真正的企业家。他创办了一家面包连锁店，创造了几百万欧元的营业额，并在交易所挂牌上市。我喜欢这种脚踏实地、可理解和透明的业务，所以我投资了这家企业。第一个月，情况非常好，股价表现得非常出色。这笔投资让我倍感愉快。这正是关键所在。这是我的投资，我发现了这只股票，而且我为自己的投资业绩感到高兴。人们总是喜欢讲述自己的成绩，所以我在熟人那里、在同事和邻居那里到处吹嘘我发掘到了一只多棒的股票并且买了它。

然后，发生了肯定会发生的事。这只股票的价格开始回落。我如果早些把它卖掉就好了。但怎么能跟自己的股票分离呢？怎么能向自己，更难堪的是向熟人、同事和邻居承认，这项了不起的投资并非如我之前所说的那般好呢？我把这只股票当成了“我的股票”，现在，我无法同它分离。我继续做股东，直到迎来一个苦涩的结局。这是一次代价高昂的经历。

这也是禀赋效应。人们在某个对象上投入越多的感情，就越难与之分离。金融专家也说，在符合道德规范的项目，如环保、可持续发展或者类似项目上投资的投资者，对其投资项目的忠诚度明显比较高，尽管这些项目的发展前景并不乐观。这当然跟感情有关，但远不只如此，感情还在一个跟禀赋效用有着紧密关系的“惯性谬误”中起着重要的作用。

惯性谬误一：“我想保持不变”

20 世纪 80 年代初，碳酸饮料市场陷入动荡不安之中。世界上最大的碳酸饮料销售商可口可乐正面临百事可乐日益严重的竞争和威胁。特别使其紧张的是，在盲试中，百事可乐的成绩明显好于可口可乐。人们给试饮者提供两种汽水，而且不告诉他们牌子。结果，大部分测试者优先选择百事可乐。

作为对策，可口可乐的研究人员在实验室里开发了一种新的可乐。这种新可乐在盲试中取得了比百事可乐更好的成绩。可口可乐公司用一种新的、改善后的方式，满怀信心地将这种新可乐投放市场，结果遭到惨败。可口可乐的客户愤怒地抵制新可乐。抵制非常强烈，以至于几个月后，公司又把老的可乐作为“经典可乐”重新投入市场。新可乐悄悄地从货架上消失了。

这就是客户，这就是人类，他们希望事物保持不变。由此，我们不妨思考一下我们不愿改变的原因。请设想一下下面的情景：

很多年以来，你每天都走同样的路去上班。因为你太熟悉这段路了，就不太注意路况，结果发生了一起事故。

这让人很恼火，不是吗？但是，再看一下下面这种情景：

很多年以来，你每天都走同样的路去上班。在某一天，你跟随脑子里一闪而过的一个念头走了另外一条路。很遗憾，你遇到了一起事故。

你认为，在哪种情况下你会更恼火一些呢？也许是第二种情况，是吗？因为你偏离了惯常的路径，结果遇到了事故。为什么没有按通常的线路去上班呢？不过，在传统经济学严格强调理性的世界里，事故如何发生是不重要的，发生了就是发生了。

但事实上，人们会将某种行为同其他选项相比较，对这种导致坏结果的行为感到懊悔。人们会想，如果走惯常的道路的话，就不会发生事故了（哪怕这也不是肯定的）。所以，一种行为的效用不仅仅受它的收益影响，还受未采用选项的收益影响。如果我们考虑一个行动，这样一种想法就会悄悄潜入我们的头脑：以后我们可能会后悔采取这种行动，而这是我们想要避免的。有时，这种想法就会让我们在预先已被告知的情况下坐视不管，眼睁睁地看着我们的钱消失得无影无踪。我们假定有两位投资者：

汤姆拥有 A 股票，但为了购买 Y 股票，他把 A 股票卖了。在他购买 Y 股票不久，Y 股票价格明显下跌了。

杰里拥有 Y 股票，并且考虑购买 X 股票，但没有付诸行动。不久，Y 股票明显下跌了。

你认为，汤姆和杰里，谁更不满意？大部分人会猜是汤姆。他是通过一个积极的作为而失去了钱财。相反，杰里没有做什么（这实际上也是一种作为），虽然也失去了钱财，但他并不是积极地投向他的不幸的。

这种情况导致了一种名副其实的被动决策：我们什么也不做，因为这样就可以少后悔一些。我们不作为的倾向也许能由此得到解释。这就是为什么与“如果我把它卖了，那会好吗”相比，“如果我什么都不做呢”会更容易一些，即决定不行动比决定行动更容易一些。

我们真的认为不作为比积极行动的危害更小吗？很显然，大部分人是这么看的。很多人甚至准备以他们孩子的生命来冒险：

卫生部通知你，有一种新型传染病，它会夺取 10/10 000 的儿童的生命。你可以让你的孩子接种疫苗，但接种疫苗会带来一种风险：接种疫苗引发疾病，并造成接种儿童死亡的概率是 6/10 000。你会让你的孩子接种疫苗吗？

如果纯粹从统计的角度来看，你应该让你的孩子去接种疫苗，因为任何能够让生病的风险降低到 10/10 000 以下的措施都会让你孩子的生命更安全。但当受试者的人面对这种情况时，大部分人认为，只有当疫苗引起疾病的概率低于 5.5/10 000 时，他们才能接受接种这种疫苗。其结果是让他们孩子的生命更不安全。

很多研究证实了这种判断。**如果负面的结果不是由积极的行为，而是由不作为引起的，人们对它的评价就不会那么差。作为似乎比不作为更糟糕一些，尽管实际上两种情况下的结果是一样的。**在接种疫苗的例子里，这种情况表现得非常直观。如果孩子死于疫苗接种，那么，我们会把它归咎于我们的行为；相反，如果孩子死于没有接种疫苗，我们会让其他事情为此承担责任，而不会仅仅归咎于不作为。与不作为相比，我们认为自己对积极行动的后果应该负更多责任。因此，我们选择不作为，而没有认识到不作为也会产生坏结果，而我们也是要对其负责的。

还有更多的圈套驱赶着大家奔向一个方向：我想保持不变，我想让所有的东西都保持不变。再来看下一个例子：

你很熟悉金融事务。现在，你富有的叔叔给你留下了一笔数目可观的钱。你考虑该怎么用这笔钱投资。你有 4 种投资选择：

A. 高风险的股票 A

B. 稳定的股票 B

C. 国家债券

D. 地方债券

那么，你将如何投资？实际上，被测试者如何选择并不重要。当人们将上述问题稍作改变时，出现的现象才是真正有趣的。如果这个有钱的叔叔遗留下来的不是现金，而是股票 A，那么被测试者表现出明显的投资股票 A 的倾向；如果叔叔遗留下来的是股票 B，被测试者则会优先考虑股票 B；如此等等。叔叔的投资方式会被优先考虑。根据研究报告，如果叔叔留下的不是投资而是现金的话，人们是不会这么做的。

人们称叔叔留下的投资为现状，也就是已经存在的状态。我们倾向于接受已经存在的状态，而不想改变它。这就是“现状偏见”，可以通俗地翻译为“我想保持现状”。更科学一点的话，也可以称之为“惯性谬误”。

惯性谬误就是我们想保持事物现状的倾向。这一方面是由于我们担心会为积极行为的结果感到后悔；另一方面在于禀赋效应，即我们很难与占有物分离。如我们已经看到的那样，这会导致较大的损失。我们把已有的股票组合看作现状，所以继续持有它，尽管实际上我们需要尽快出售其中的一些股票。

不仅如此，惯性谬误还使我们固守旧的习惯，不对它进行进一步的探究，从而损失大量的金钱。现在，我们举一个企业退休金计划的例子。在美国，有的企业退休金计划项目参加者可以每年重新选择如何投资他们的年金。比如，是投向一个保守的债券和房地产基金，还是投向一个更具活力的股票基金。用投资理论的观点来看，这是一件好事。如果你年轻时就开始退休金计划，那么可以把你的大部分资金投资到有风险的基金上，因为这从长期来看是值得的。岁数越大，你就越应该把更多资金投资到风险较低的基金上，因为你很快会退休，所以更愿意保险一点，以便在近期能够收回投资的钱。

如果我们查看这类养老金基金的支付情况，理论上说，应该看到这样一幅画面：年轻时，人们把大部分资金投资到风险较大的基金中，随着年龄增长，把资金转向风险较低的基金。但如果我们看一下实际数据，至少是被研究地区的数据，呈现出的却是一幅完全不同的画面：只有很少的人改变了他们的投资比例。大于 70% 的人从不改变他们的投资方向。这样做完全违背了传统的投资理论，也降低了他们企业退休金计划的稳定性和安全性。

在这里，惯性谬误起作用了。投资中的高风险部分和低风险部分一旦被确定下来，就变成了既定的现状。人们不愿改变它，随它去吧！那么，是否是因为养老保险的缴纳者并不理解随着岁数的增长，他应该进行更多的低风险甚至无风险投资呢？答案是否定的。因为如果人们是在年龄较大时才开始缴纳这种养老保险的话，他们往往会选择比较保险的投资。也就是说，把资金的绝大部分投到没有风险的产品上。这表明，他们是知道应该怎么做的。

那么，是否是因为投资类型转换的可能成本使人们宁可不进行转换呢？至少在上述例子中，这一点是不成立的。因为不管是在有钱叔叔的例子中，还是在企业退休金计划的例子中，都不存在转换费用的问题。在企业退休金计划的例子中，重新分配投资金额根本没有什么费用。

人们根据习惯来作决定，而不再对问题进行探究。这种惯性谬误会让他们付出很大的代价。人们始终用一个品牌，而不问是否有更好的选择；人们不换银行，尽管有更好的服务提供者；人们要求提供经典可乐，尽管盲试表明新可乐的味道更好；人们不退订已订阅的报刊、不变换电话、每年开车去同一个地方休假，尽管有更好的选择。

习惯也使人们不去在意那些能够很快积少成多的小钱。如果一个人每天因为某个不良习惯花费 1 欧元，每个月就是 30 欧元，每年就是 365 欧元。尽管如此，他还是不愿改变这个习惯。实际上，惯性谬误的影响比我们想象的还要更深远。比如，我们从事最初的职业，而不跳槽；我们住在老地方，而不去寻找一个新的、更便宜的或者更有吸引力的地方；我们不愿意放弃已经亏损很多的投资。

在投资方面，惯性谬误还通过一个我们熟知的效应变得更为严重。人们追求一致性，追求一种没有矛盾的生活。出售一项亏损的投资，就意味着向自己、向同事或者生活伴侣承认犯了个错误。所以，人们还是继续持有亏损的投资。

银行知道人们倾向于维持现状，所以，它们想方设法引诱我们。比如，向新客户提供耸人听闻的高利息。每个第一次把资金存入该银行的客户，都被承诺可以获得很高的利息。美中不足的是，这种利息通常只能持续一个很短的期限，通常是半年。在这之后，存款利息就会回落到市场正常水平。但在这个短暂的、有利可图的期限结束以后，我们并没有抽走资金，而是继续让它留在那家银行。这正是银行要达到的目的。这就是惯性谬误。

惯性谬误二：沿用标准设置

惯性谬误还有一个更进一步的、不切合实际的后果，那就是我们不改变技术设备的标准设置。

你喜欢使用手册吗？以下是一种阀门的使用手册：

> 将黄铜阀门转到打开的位置。喷气装置会喷气。为了得到一个特别坚固的装置，人们需要不断往里面喷气，当气体足够时再将阀门转到关闭状态。

是的，不可否认，有的使用手册不适用于其提到的设备。尽管如此，设备出厂时，还是要做这项工作，而且改变标准设置还是非常有益的。惯性谬误能够解释为什么我们很少这样做。我们把工厂的设置视为现实的状态，即现状，并且不想改变它。这些发生在 DVD 播放机或者数码相机身上的事，也同样发生在与资金有关的业务上。我们举一个保险的例子。这是保险建议：

你可以购买一项汽车保险，它包括对你的汽车的保障，再加上道路交通的法律保护。但你也可以不要道路交通的法律保护，在这种情况下，这个保险的价格也会被相应地调低。你会怎么选择？要还是不要法律保护的选项？

这听起来不错，但现在还有另外一个建议：

你可以购买一项汽车保险，它包括对你的汽车的保障，但是不包括道路交通的法律保护。你可以通过一定的加价来获得道路交通的法律保护。你会怎么选择？要还是不要法律保护的选项？

你会怎样选择？还记得框架效应吗？惯性谬误的经验和观点使我们知道，在第一种情况下人们会选择道路交通的法律保护，而在第二种情况下人们宁可放弃这种法律保护。这是因为每种报价建议都被人们当作已存在的状态接受了，对此人们不想作什么改变，正如我们的 DVD 播放机的标准设置。

当然，这不仅仅是个假设的例子。现在，我们来看看现实中新泽西州和宾夕法尼亚州的美国公民。这两个州的居民可以选择汽车保险，当然表述各不相同：在新泽西州，标准的政策是一个便宜的保险合同，但可选择通过加价来获得更多的法律保护。

在宾夕法尼亚州，标准的政策就包含了较贵的法律保护。要是愿意，人们也可以缩小这些法律保护范围，这样就会让保险费用便宜一些。正如我们所预期的那样，如果向居民展示新泽西的版本，他们就会表现出对便宜的保险的偏好；相反，如果向居民展示宾夕法尼亚的版本，他们就会优先选择贵的保险。所以，我们会优先选择标准的东西。

由此，你很快就会想到，用什么样的句子能够把保险卖掉：“我们一直是这么做的。”“您的爷爷就在我们这里买保险了。”这是带有魔法的句子。如果想要推行一种特定的解决方案，就必须把这种方案描述为现状，是现存的规则，也是标准。如果大家都这么做的话，如果父母辈也是这么做的话，那还有什么理由对这种标准产生怀疑呢？所以，毫不奇怪，保险公司和住房储蓄银行非常愿意宣传它们的产品已经投放市场几十年了。

如果再深入思考新泽西和宾夕法尼亚的例子，我们立即就清楚了应该如何出售保险。即选用一揽子方案和可减项选择，而不是一揽子方案和可加项选择。人们如果想购买较贵的保险，他会把包括一切额外项目的奢侈方案作为基本方案；人们如果想从中删掉什么内容，必须强烈要求。

根据惯性谬误，不选择基本的方案而选择最少的方案，对客户来说是很难的，即使这个最少的方案比较便宜。所以，我们沿用标准设置，正如我们不改动 DVD 播放机在工厂交货时的设置。

从积极的角度来看，我们可以利用这种不愿意改变的倾向，来让人们更多地投入退休金计划。不过，不是根据人们的意愿，而是在其工资上自动扣减。如果他不想自动扣减，他可以选择不再自动扣减。通过这种办法，私人退休金计划的金额就会提高。同自己操心退休金计划相比，人们比较容易接受以这个作为标准展示给他们的退休金计划，因为他们不用做什么就可以拥有更多的退休金。所以，我们愿意保持现状的倾向也可以转变为积极的因素。

可选项越多，越犹豫不决

现在，还存在另外一个敌人妨碍我们作决定。这就是多样性。

如果人们想在德国投资，他必须同时作出很多决策。股票、债券、不动产、衍生产品、基金或者其他资产，到底应该投资什么类型的资产？

即使他选择好了投资类型，也还有很多决定等着他去做。在德国，对于一位私人投资者来说，仅仅是基金，就有大于 6 000 种不同的产品可供选择，而且出自不同的公司、不同的投资目标和不同的投资战略。美妙的选择多样性，不是吗？

也许恰恰不是。因为这是让我们目瞪口呆的多样性，它甚至会使我们什么都不买。研究人员在卖果酱时发现和验证了这种现象。为了这个试验，研究人员在一家超市前设立一个测试摊位，提供各种各样的果酱。果酱的类型是精心挑选的，每种果酱都同样吸引人。

来到摊位前的顾客都可以得到一张购买果酱的 1 美元代金券。研究人员每小时调整一次产品结构，其中一小时提供 24 种不同的果酱，另外一小时只提供 6 种不同的果酱。这种聪明的安排使研究人员能够测试多样的选择是否会促使人们更多购买。

结果是可想而知的。看到 24 种果酱的顾客，只有 3% 的人购买了；而只看到 6 种果酱的顾客中，有 30% 的人购买了果酱。这就是说，**可供选择的种类越多，人们越犹豫。**

如果把这种情况转换到可供选择的、上千种投资产品上，其结果就会非常糟糕。我们的资金长期滞留在活期账户或者储蓄账户上，因为我们不能决定在这么多的投资产品中应该选择哪一个。然而，我们在活期或者储蓄账户上又能获得什么呢？是的，少得可怜的利息。

如果我们同时考虑时间因素，那么这种决策过程中的麻木不仁就变得更糟了。这些资金无息或者几乎无息地在相应的账户里休眠得越久，人们不进行投资的可能性就越大。在这种情况下，多几天或者少几天也就无所谓了。并且，人们受到的决策压力越小，无所作为的时间就会越长。

如果不想后悔，就立即去做

如果我们询问人们，在他们的生命中最懊悔的是什么，那么首先便是他们没有做的事。特别是“我当时更认真地对待学业就好了”，这句话在排行榜上名列前茅。

在这样的问卷调查中，对放弃未做的事情的懊悔往往大于对已做的事情的后悔。此外，在这里也有一个对人们后悔的行为的调查。“我不这么早结婚就好了”这种陈述居于首位。所以，在以后的岁月里，人们更多的是为没有犯的错而感到后悔。

非常有趣的是，研究显示，在短期里，人们倾向于对已做的事感到后悔，而在长期里，人们更多的是为未做的事感到懊悔。这一点同我们直观的估计相一致。那么，这也跟你的估计相吻合吗？请自己评判一下：

戴夫和吉姆在同一所大学，他们只是勉强对自己的选择感到满意。两人都考虑更换学校。但最终的决策则各不相同：戴夫更换了学校，而吉姆还是留在了这所大学。结果，两人都毫无成果：吉姆还总是对他的大学感到不满意，但戴夫也对他的新学校感到不满意。

你认为，从长期来看，他们两人中哪一位会对自己的决定更懊悔？从短期来看，又是哪一位会更后悔？如果你同大多数人一样的话，那么你就会得出这个结论：从短期来看，戴夫会更后悔一些；从长期来看，吉姆会更后悔。

这是一个非常重要的原理。从长远来看，我们更多的是为没有做的事情感到后悔。了解了这一点，人们就能轻松地跳出阴影，摆脱被动决策。产生这种现象的原因是比较容易理解的，那就是：机不可失，失不再来。如果一个人在二三十岁时不为养老金作投资计划，虽然在短期内他不会懊悔，但从长远来看，当他年老时，他一定会后悔。而在这时，现实已不可改变。

所以，如果要同被动决策作斗争，就必须想象一下长期来看不作为可能产生的后果。如果什么都不敢作的话，10 年或者 20 年后会怎样？这时，这种想法会很有帮助。勇敢地做点事，总好过一辈子患得患失，不断地想如果有所行动的话会发生什么。

如果仅因为投资遭受失利而变得谨慎的话，不妨采取所谓的“反事实思维”。也就是说，可以设想：还有可能发生更糟的事吗？这可以帮助我们下定决心。当然，这也可能会产生副作用，即我们无法从错误中汲取经验教训。这个现象我们准备在第 8 章中探讨。

另外一个有助于我们克服被动决策的概念就是“机会成本”。这里有一道简单的计算题。设想一下，你有一笔资金放在没有利息的活期账户上，拖延着没有进行投资。也许下面的这个计算过程会对你有所帮助。如果让 1 万欧元烂在这种没有利息的账户上 1 年，年利率以 3% 计，你就失去了 300 欧元。这种被忽略的收益越高，拖延的期限越长，机会成本就越高。也就是说，由于拖延，你付出了错过最佳选择所带来的成本。

一个很好的例子就是我故乡的市议员们，他们花了 300 万欧元买了一栋房屋，然后，常年让它空置着。如果我们同市民们讨论这个问题，常常听到的一句话是“这房子又不吃面包”，即没有什么成本开销。可是，它确实是有成本的。300 万欧元，如果按 3% 的年利率计算，3 年的利息就是 28 万欧元。这就是被市议员们扔出窗外的、从纳税人那里骗来的钱。

所以，如果有人一直拖延着不做某件事，比如不购买股票，或者不出售房屋，那么，每多犹豫 1 年他就会损失很多的钱。即使他把这些钱存到活期账户，那他还是损失了可供选择的投资项目的收益与活期利息之间的差额。

我们在心理上对机会成本的处理不同于事实成本，也就是盎格鲁 - 撒克逊人说的“付现成本”。如果我们必须打开自己的钱包，把钱拿出来放到桌子上，我们会感到付款的心痛，从而直接体验到了损失。相反，如果我们放弃机会成本，就感觉不到什么。而正是因为感觉不到什么，使得我们不作为，从而放弃了大量获利的机会。对我们来说，因不进行某种投资而错过的利润不像因进行某种投资而遭受的损失那样令人痛苦。所以，我们应对机会成本保持警觉，把它看成实际成本，是真实的放弃。

当然，我们也可以尝试下面的方式。如果有一笔钱在活期账户或者其他的收益微薄的投资账户里，那么，我们可以设置一个猪型储蓄罐，每个月放入与机会成本相等的钱。也就是说，计算现在的利息收入和其他投资项目可能带来的收入之间的差额，并把计算出来的金额放到储蓄罐里。几个月后再来看看积攒了多少金钱。

机会成本的观点也许还有助于我们同另一个威胁我们决策力的敌人作斗争，那就是渴望巨大的成功却什么都不做。如果由于没时间或者希望深思熟虑以避免出错而拖延了决策，那么这同样是一种被动决策。人们只是等待，直到时间来找到更好的解决方案。

与此同时，资金却在储蓄账户或者在枕头底下发霉。每个曾经打算整理地下室或者阁楼但从未行动的人，都对这种大的成功充满渴望。他们不是经常抽空整理一下，而是等待大清理的一天。而到那时候，垃圾已经充满地下室或者阁楼了。所以，就投资而言，与其等待大的成功，不如立即把握小的解决方案。从机会成本的角度看，无论如何，作为总好过不作为。

另外一个能够帮助你克服被动决策的心理技巧就是“从零思考”。你为是否卖掉一只股票而犹豫不决吗？如果是的话，你就应该这样给自己提出问题：

如果你没有拥有这只股票的话，现在你会购买吗？如果答案是“不”，那么为什么还要犹豫是否要将它卖掉呢？如果你不拥有它就不会购买的话，为什么还要保留它呢？

还有一个有用的办法就是，通过两步来决策。第一步，我们要问应该作什么投资；第二步，我们要问不应该作什么投资。这有助于我们从不同的角度来探究一项决策。

这一切都只是心理上的技巧，而不是能够逃避决策陷阱的保证。还有别的辅助手段吗？你可以试试每周在你的生活中作一下改变，尝试一些新的东西。比如，尝试一种新的咖啡、一个新的菜谱、一项新的业务，在空余时间试着做点完全不同的事情。每周都尝试一些新的品味。如果重复几次，也许你会发现，你将改变生活中的一些事情。如果你进行这些尝试的话，变化的进程就会变得更简单了。

在这里，我有必要提醒一下大家。这一章的内容主要是对被动决策提出警示，这种被动决策是由前面描述的机制引起的。但这并不意味着每一种变化都是好的。人们经常保持现状，是因为它经检验是合适的，也可能是因为任何改变都可能是昂贵的或者风险巨大的。所以，并不是说要不惜一切代价改变什么，而是要认识到，如果我们不作为，会造成哪些损失。

听起来这一切都不错，但所有这些练习都不能保证我们能躲过惯性谬误的控制。还有一个强有力的武器，可以帮助我们同惯性谬误作斗争。这就是惯性谬误本身。为此，人们只需要鼓起勇气，把投资资金一次性放到自动驾驶仪上。这意味着，去签订一个定额储蓄计划，这样，每个月资金就会自动地流到储蓄账户上。快速搞定，然后忘掉。二三十年后就会有一个大惊喜。

另外一个措施你已经知道了，就是止损委托。开启一个自动出售装置，当达到某个事先设置的门槛时，这个自动装置就会自动出售这些股票或其他债券。这样一来，投资者就不会像兔子看见蛇一样，傻盯着自己的投资，眼睁睁地看着它化为乌有。自动驾驶仪是一个针对被动决策的强大的武器。它一旦被开启了，就不会很快被我们关闭，因为我们被动决策。

关于惯性谬误，就谈这么多。现在我们来看一下被动决策的反面，也就是人们采取过多行动。这也是不利的。这常常是由于我们的自我主义。我们先来看一下，某个自以为是的男人如何让整个地区遭受可怕破产的。

GELD DENKT NICHT

第 8 章　狂妄自大

“我能战胜偶然性”

为什么牛市时男性的业绩更好，熊市时女性的成效更显著？

为什么当对手是一位傻瓜或白痴时，人们下赌注的频率就会加大？

财政部部长的毁灭之旅

1960年，罗伯特·斯特荣在加利福尼亚州奥兰治县财政部谋求一个职位。他并不具备获得职业生涯成功的条件。他大学没有毕业，在财政金融领域的工作经验仅限于曾经在一家现已破产的公司就职。尽管如此，他还是谋得了一个职位，这对他来说简直就像天上掉馅饼一样。斯特荣抓住了这个机会，努力工作，爬上了事业巅峰。他成了财政部的领导，即所谓的奥兰治县的司库。在这个位置上，斯特荣主要负责奥兰治县资金的投资和增值。

在后来的几年中，斯特荣取得了显著成就。他每年都用资金填满奥兰治县的钱箱。奥兰治县呈现出一片繁荣兴旺的景象。斯特荣的信誉是不容置疑的。在他的推动下，财政部的投资政策也放宽了。现在，斯特荣也可以投资衍生产品：在财政部金库中每拥有1美元，他就可以借入2美元。这样，他把不到70亿美元，变成了大约200亿美元。

金融衍生品是一把双刃剑。它可以降低风险并带来其他好处，但也会增加风险并带来坏处。衍生品的特殊性在于它的杠杆效应：人们可以投入1美元，进行3美元的投资。如果投资决策正确，那么人们获得的就不是1美元的10%的利润，而是3美元的10%的利润，尽管人们实际投入的是1美元。

当然，其危险在于这种杠杆效应也会起反方向作用，也就是说，一旦损失，人们损失的就不只是 1 美元的 10%，而是 3 美元的 10%。

通过衍生产品，斯特荣投资于下跌的利息。利息下跌越多，他的利润越高。开始的时候一帆风顺，但是后来，风向变得不利于斯特荣的命运之舟。

1994 年，美国中央银行开始提高利率。衍生品的杠杆作用加速了他的毁灭之旅。结局是痛苦的，奥兰治县不得不因为 17 亿美元的亏损而申请破产。斯特荣因挪用公款而受到起诉，并被判处 1 年监禁。几家为斯特荣的金融冒险提供咨询的美国投资银行也为此受到控告，付出了代价。

在法庭审讯过程中，证人们的证词显示，斯特荣很难理解风险的观念。有时，他们觉得斯特荣甚至不能理解低买和高卖等基本理念。

一位在庭审过程中担任评估员的心理学家说，他非常惊讶，斯特荣的记忆力和接受新信息的能力已经受到很大损害。斯特荣就像一个在波浪中漂泊的空瓶子。

在股票、利率衍生产品、原材料、按揭抵押债券、货币、小麦期货、黄铜期货等投资类型上，投机者或投资者无不贡献了大量资金。日本住友商社的明星交易员滨中泰男的越权行为，让商社在 1996 年损失了约 27 亿美元。滨中泰男在铜市场上呼风唤雨多年，最初非常成功。当铜的价格加速下跌的时候，规模亏损出现了。滨中泰男逃避内部监控，参与未经授权的交易，通过错误的评估和财务报告造假，隐瞒亏损，虚报利润。

我们之前已经认识的尼克·里森是坠落的投机家中的经典人物。借助大胆的投机和虚假的账务，他单枪匹马干掉了享有盛名的英国巴林银行。爱尔兰联合银行的外汇交易员约翰·鲁斯纳肯定可以名列里森后继者的候选人名单。在巴林银行破产 7 年后，鲁斯纳给爱尔兰联合银行美国分行造成了大约 7.5 亿美元的损失。“看起来大家并没有从我的事件中吸取教训。”里森这样评价鲁斯纳事件。

显然没有，因为历史不断重演。2008 年，热罗姆·凯维埃尔在欧洲股票指数期货交易中使法国兴业银行损失了近 50 亿欧元。有家报纸开玩笑地计算了一下，为了偿还损失，按照他当时的工资，他需要工作 17.7 万年。接着，在 2011 年，一个年轻的交易员奎库·阿多博利给他的雇主瑞银集团造成了约 20 亿美元的损失。

事实上，来自世界各地的关于金融世界末日的故事如此之多，看起来我们真的很少从中学到什么。绝大部分模式相差无几：一个男人（一般情况下真的只有男人）努力向上，取得了成绩，证明他的行为是正确的。他做的事情越来越大，冒的风险越来越大，并认为自己是不可战胜的。而他的主管和监管者则对其行为视而不见，因为他们不愿深究这些漂亮业绩背后隐藏的真相。他们心存侥幸地认为，他知道自己在做什么。

这一章的内容就是讨论这些高估自我、不从错误中吸取教训的人，以及狂妄自大的后果。这是一些自认为可以战胜偶然事件的人。至少在扑克游戏中是这样的。

控制幻觉和自利性偏差：成功在我，失败在天

你相信自己拥有特异功能吗？你能够预言，在一摞牌中，哪张牌会被抽出吗？不能。肯定吗？设想一下，你来到一个实验室。在那里，人们请你参加一个游戏。规则很简单：你和另外一个人玩这游戏，谁抽出的牌的点数大，谁就获胜。在抽牌前，你必须下注。你觉得借助技巧或者特异功能，你能够在这个游戏中获得优势吗？肯定不行。你无法预测你或者对手会抽出什么牌。你也不能虚张声势，欺骗对手，或者让他不知所措。每人抽一张牌，完事。

可是，看起来好像有很多人相信，他们的聪明才智和精神力量能够帮助他们赢得这场游戏。至少，心理学家埃伦·兰格在一个实验中证明了这一点。她安排两个人玩这个扑克牌游戏，不过她对游戏进行了细微的变动。游戏的对手不是真正的对手，而是一个由埃伦·兰格安排的演员 A。A 扮演了两个角色。一次是聪明、迷人和精明的人，一次是十足的傻瓜。然后，兰格女士观察游戏参与者的下注情况。

人们凭直觉就能知道实验结果。如果受试者同聪明的、表现得应付自如的对手游戏，他们在下注时就会非常谨慎。如果他们同“傻瓜”游戏，下注的频率就明显提高了，尽管就这种游戏而言，你是跟爱因斯坦比，还是跟一只黑猩猩比，都完全无关紧要。人们相信自己比面前的这个人强，这种情况会使得他们改变自己的风险偏好。这就解释了为什么骗子总是喜欢恭维奉承受害人，由此让他们觉得自己是很聪明的。**你越觉得自己才华出众，你就会越轻率。**

科学家所称的“控制幻觉”，指我们过于喜欢和过于轻率地相信，我们正坐在驾驶台上，掌控着发生的事情，即使实际上根本不是这种情况。一个值得注意的实验清楚地揭示了我们的这种幻觉。

为此，人们要让参与者参加一个投掷硬币游戏。人们请参与者预测，出现的是头像还是数字。实验的组织者投掷一枚硬币，握在手中并遮住，然后问参与者出现的是头像还是数字，参与者给出预测结果。在理论上，实验组织者要根据这个预测正确与否点头或者摇头示意。但参与者没有注意到，实验组织者根本就没有给他们展示手中的硬币，只是点头或者摇头。因为实验组织者想要给参与者一种感觉：他们的预测很准确。所以当参与者说“数字”时，即使出现的是头像，组织者也点头。由此，参与者会误以为他们的预测是相当准确的。

把这个小游戏的结果制作成一个刻度表，“0”代表参与者根本无法预测硬币投掷结果，“10”代表参与者能准确预测硬币投掷结果。结果，参与者的自我评分是5.4。所以，他们相信，平均而言，他们能够较准确地预测硬币投掷结果。40%的人相信通过一些练习，他们能够改善预测能力。大约25%的人认为，如果在硬币投掷时，有人分散他们的注意力，就会降低他们的预测能力。所以，集中精力有助于改善他们的预测能力。“请您安静，我必须集中注意力。”

问题的关键在于，借助这个简单的测试，组织者使得参与者相信，他们能够预测硬币的投掷结果。实际上，如果了解一点概率理论的话，他就会把他预测硬币投掷结果的能力放置在“0”。人们不能预测投掷结果，人们只能猜测它。

如果我们用股票价格来代替硬币，那就很清楚了。这对于我们在股市上的行为意味着什么？我们相信自己能够预测股票价格，尽管我们的投资业绩具有偶然性。让我们暂时假定，股价的剧烈波动完全是受偶然因素影响的。即使在这种情况下，我们有时还是能作出正确预测，正如在硬币投掷游戏中，我们偶尔会作出正确预测一样。或者，如果我们一直猜“头像”或者“数字”，正确的概率是50%。有时，我们纯粹是碰巧正确地预测了股价，获取了丰厚的利润。

这种偶然获得的利润却对我们起了作用，就像在实验中组织者施展的小小伎俩一样。我们获得了一种感觉，认为自己拥有预测股市价格的独特能力。我们相信，我们能够预言硬币投掷结果、彩票的中奖数字和股票的价格。然后就过于乐观地进行各种高风险投资。

如果出现失误，情况又会是怎样呢？我们有时也会预测错误。在这种情况下，我们会刹住盲目乐观的情绪吗？也许不会。其原因依然在于我们自身。在投掷硬币的实验中，人们用同样的测试结构，暗示第二组人他们预测的能力很差：组织者经常摇头，即使受试者的预测是对的。他们也对参与者进行询问。其结果是，参与者将他们的失误归咎于偶然性。也就是说，错了，是因为偶然性，我不用承担责任；

如果对了，那就是我的功劳。

人们把这种心理上的策略称为“自利性偏差”。这种心理策略使得我们可以免受任何怀疑的困扰。成功归因于我们拥有卓越的能力，失败则是由于运气不好、偶然因素以及外部条件。在这种情况下，我们注定会不断重复错误，因为我们没有从失败中吸取任何教训。我们之所以不能从失败中学到什么，是因为我们不是把失败归咎于自己的能力，而是归咎于偶然因素。对此，我们不负什么责任，而是认为下次会更顺利。

还想看其他的例子吗？骰子游戏的例子怎么样？当骰子还没有掷出时，参与者会投入大额的赌注。如果骰子已落地，尽管还没有公布结果，他们就会降低赌注。也就是说，参与者是相信他们能对骰子有所影响的。当然，这种影响只存在于骰子还没有被掷出的时候。如果骰子已经落地，那么，投掷的结果就不能通过未知因素施加影响。只要见过参与者掷骰子时全神贯注的脸，你就能理解这种效果了。

或者再来看一下彩票？人们将彩票分给参与者。对第一组人，人们不加评论地将彩票交到他们手中；对第二组人，则允许他们自己抽取彩票。然后，人们从参与者手中购买彩票，结果自己抽取彩票的人会对彩票要求一个明显较高的价格。很显然，他们认为，他们的选择会对彩票的结果有所影响。毋庸赘述，这完全是无稽之谈。

这是一种控制幻觉。我们相信，我们掌握着方向盘，即使实际上并不是这样。这种幻觉鼓励我们更加积极地行动、投资、输钱。让情况变得更糟的是，与这里描述的实验不同，在现实生活中，事件永远都不会那么直接明了，让人知道这只是一个偶然性的实验。人们当然可以理解，投掷硬币的结果是不能通过精神力量加以控制的。

但对股市又是怎么样呢？我们不能对投资成果施加一点儿影响吗？当然可以，但这恰恰使得情况更糟。我们相信一切都在掌控之中，不存在偶然事件，有的只是勤奋、聪明和专业知识。谁拥有了这些品质，并正确地加以运用，就完全不会失利。或者，如同一个熟人跟我说的那样："不管什么时候，我都能掌控它。"这位熟人的爱好是用摩托车以每小时220公里的速度飙车。是的，墓地里躺着很多能掌控一切的人。

当我们听到把钱输光的投资者的故事时，当我们听到尼克·里森、罗伯特·斯特荣以及他们的战友的故事时，我们是否曾经想过类似的事也会发生在我们身上？很可能没有。其原因就是上面描述的、与想象中的白痴对垒的扑克游戏。一旦在我们对面坐着一个白痴，我们就会感到自己占有优势，就会提高赌注。对吗？也许这些想象中的白痴，这些围绕在我们身边的输家，只是在股市预测的轮盘赌中运气不好的人。

基于这样的观点，当周围的人讲述他们的股市业绩时，我总是有些奇怪的感觉。因为，他们都有一个正常的、需要工作8小时的、与资本市场毫无关系的职业。他们也许还有一个家庭，有一个耗时的爱好，对这方面的业务没有受过很好的培训。他们对数据、股市、市场和专家，都不像投资市场的行家那样有特别的消息渠道。他们却自诩比那些整天研究资本市场的行家更聪明，更有成效。这从来都没有让你觉得奇怪吗？也许在这里控制幻觉和自利性偏差都起作用了：我们已经掌握了它，我们能够实现它。更糟的是，当涉及能力时，我们总是过度乐观。我们相信，自己是高于平均水准的。然而事实上，这样的事情不会发生在我们身上。如果人们理解平均数的性质的话，他就能认清这个问题了。你结婚了吗？

人们相信，雷电只会击中邻居的房子

在美国，平均每两个婚姻中就有一个离婚的。可是，这并不能妨碍人们结婚。为什么？道理很简单。如果人们询问要结婚的人，他们承认，他们知道离婚率很高，但他们同时声称，这种事情不会发生在自己身上。如果人们连着问两对人，那么，也许会从这两对人那里同样听到这种说法。因为每两个婚姻中就有一个离婚的，所以这两对人中肯定有一对是错误估计的。汽车驾驶员的情况也很类似。大约 80% 的驾驶员自认为是超出平均水平的好驾驶员。

这同样适用于资金管理行业，也就是基金经理。在德累斯顿投资银行克莱沃特本森的一次问询调查中，74% 的基金经理陈述，他们的业绩高于平均水平。很多被询问者说：“我知道，所有人都说自己业绩不错，但我可是真的做得很好！”剩下的 26% 中，绝大部分人认为他们处于平均水平，只有个别基金经理自认为低于平均水平。换句话来表示就是，基金是一个由多数高于平均水平的专家组成的行业，其余的专家处于平均水平，但几乎没有人是低于平均水平的。

这种现象说明了人们倾向于高估自身的能力。文献称之为“过度乐观”。可以对这种过度乐观进行实验性检查：参与者被要求回答一系列问题，但不告诉他们回答是否正确。然后询问他们：“你答对了百分之多少？”其结果是，大部分人猜测的正确率大大高于实际情况。他们高估了自己正确回答问题的能力。比如，说“绝对肯定”的人并不意味着他们 100% 的肯定，从统计数据来看，是介于 71% ~ 83% 的一个值。也就是说，如果他们“绝对肯定”回答对了问题的话，实际上只有 71% ~ 83% 的比例回答对了。

在很多对律师、医生、投资银行家和商人的实证研究报告中，我们都能发现这种高估决策正确性的现象。人们高估自己诊断、预测的正确性。在这方面，有大量对专业人士进行的实验。这些实验显示，这些回答他们专业领域问题的专业人士，自认为对他们专业领域的了解程度，要大大地高于实际情况。

即使人们对问题还不了解，他们也会相信自己是了解的。你能回答下列问题吗：唯一一位在《独立宣言》上签字的女性叫什么名字？

唯一一种能飞的爬行动物叫什么？很多被提问者表示，答案就在嘴边却说不出来："我一下子想不起来。"实际上，这些问题他们无法给出答案，因为这些问题根本就没有答案。可是，他们却"几乎"知道答案，不是吗？

更糟的是，人们相信，雷电只会击中邻居的房子，而不会击中自己的房子。一个对大学生进行的问卷调查显示了一种明显的乐观主义。他们高估发生在自己身上的好事的概率，却低估可能遭遇坏事的概率。所以，他们相信，他们有 40% 的概率会比其他同学得到更高的起薪。他们也相信，他们在 40 岁之前得心肌梗死的可能性要比其他同学低大约 38%。在人们的估计中，好事来临的概率总是比平均值要高，而坏事临头的概率却总是低于平均值。类似的过度乐观估计的现象，在关于交通事故、吸烟者罹患肺癌的概率和离婚风险的文献中比比皆是。我们可以把这称为"受利益控制的感觉"。

由此，我们为走向股市备齐了各种"原料"。我们相信，自己的能力是高于平均水平的；我们相信，坏事总是只会找到别人；我们认为，一切都在掌控之中；如果有什么事情失败了，那也不是我们的责任。这读起来就像是一个精神病患者的个人档案。如果人们以这样的错觉走向股市的话，结果会怎样？或者更准确地说，如果男人这样自以为是地走向股市的话，结果会怎样？

雄性激素充斥着股市

有一些老生常谈都是很有道理的。比如，男人比女人更自负。男人不读使用手册，不问路，他们什么都会，他们知道一切。是真的吗？至少存在相关的依据：很多研究报告显示，特别是在适合男人的任务面前，男人比女人更具自信。在财务上也是这样，他们觉得自己比女人更具优势。

有这样一个例子：人们分别问男人和女人，在未来的 12 个月中，他们的投资能取得怎样的收益。大部分被询问者相信，他们的资产组合的价值将会高于整体市场。这是一个明显的过度乐观的标志：我的投资决策将帮助我取得比市场更好的业绩。人们当然要这么想，否则的话，他们就应该立即把资金委托给一个资产管理人或一家基金公司，或者把资金投资到一种与资本市场指数挂钩的产品上，这样他们至少能够收获与整体市场平均值大致相同的收益。

现在你重新回想一下乐观的大学生，或者 80% 好于平均水平的汽车驾驶员，你肯定会产生疑问：大多数投资者都能够战胜市场吗？自然不能。如果我们了解统计学的话，就肯定会得出结论：只有一半的参与者能够战胜市场。那我们是属于哪一半呢？上面的调查显示，大部分受访者都预计他们能够战胜市场。其实，每个没有把资金投到指数产品，也就是被动地盯住指数的产品的投资者，都肯定这样预计。不过，这似乎乐观了点，起码从统计学的角度来看是这样的。

关于对未来价值估计的调查还展示了另外一个有趣之处：与女人相比，男人更明显地高估他们的资产组合的收益。这种现象会带来代价昂贵的后果。

有一位男士叫特伦斯·奥迪恩，是加州大学伯克利分校哈斯商学院教授。奥迪恩担心市民的财产安全。他在著名的专业杂志《金融期刊》上发表了一篇名为《股市交易损害您的福祉》的文章。奥迪恩的研究结论是：投资者买卖得越多，他们损失的钱就越多。为了证明这个结论，他抽取了某个折扣交易商的全部客户，共 66 000 个家庭的数据，对他们 6 年间的交易习惯和利润进行了评估。结果发现，有的家庭几乎不进行股票交易，他们买卖的次数很少，遵循的是专家所谓的“买入并持有策略”。他们购买一只股票，然后就放着，如同一瓶好的葡萄酒那样，让它在多年中成熟。另外一些家庭则相反，他们采用被交易商们称为“来回买卖”的策略，不断地买入和卖出股票。在股市中，他们非常积极。那么，哪类家庭会取得更好的业绩呢？

最初似乎没有什么差别。所有家庭的毛利润是一致的，不管他们买卖了多少股票。一旦考虑买入和卖出的成本，即佣金、交易费用和其他成本，那么画面就变得更清楚了。买入并持有股票的家庭，也就是说买入股票，然后就搁在那里的投资者，收获了 18.5% 的年收益。而把股票买来卖去的家庭，只获得了 11.4% 的收益，因为交易成本损害了投资者利益。奥迪恩的评估很好地展示了，越更新资产组合，也就是说越频繁地购入新股票、出售旧股票，收益就下降得越多。那些最活跃的，也就是最经常地进行买卖的家庭的投资收益比其他家庭平均落后 5.5 个百分点。有一个几乎无与伦比的，从而也是具有科学价值的股市智慧：来回买卖会掏空你的钱包。

关于这种买入卖出策略，还有很多统计数据。根据奥迪恩的研究报告，在一年中，被研究的这些家庭平均变换了 75% 的资产组合。也就是说，购买或出售了相当于他们资产组合的 75% 的股票。与此相比，在奥迪恩报告的研究时间段里，他们在纽约股市的换手率达到 50%。

更糟的是，根据研究报告，投资者股票的价值增值不足以弥补交易股票所产生的成本。简单地说，如果他们保留旧股票，结果会更好一些。也就是说，频繁的交易损害了他们的资产。

这种过度交易的动机是显而易见的，那就是过度的乐观。我们相信，我们能够打败市场；我们认为，我们足够聪明，凭几支股票横冲直撞就能挣很多钱。如果我们现在进一步来讨论男女之间细小的差异的话，情况就更糟了。

奥迪恩考察了男性和女性的投资成果，得出的结论是，男人在股市上更自负，所以他们的业绩要更差一些。在访问中，女性相信，她们的投资组合会比整体市场好 2% 左右，而男人则肯定地认为，他们能够优于市场 3%。至少在股市方面，老生常谈还没有过时：男人比女人更自信。

这一点会对投资策略产生影响。如果有人认为，他能掌控市场，知道股票会去向何方，他就会较频繁地交易股票和有价证券，因为他知道该做什么，他相信他能跑赢市场。这一点可以从统计数字中得到证明。奥迪恩还是用折扣交易商的数据，对 35 000 户家庭的投资态度进行研究，并且清楚地按照性别进行分类。结论非常明确：男性比女性更频繁地购买和出售他们的投资。女性年平均大约更换资产组合的 50%，而男性更换资产组合的比例则高于 75%。男性比女性更多地交易有价证券。如我们在前面已经看到的那样，从收益的角度来说，这并没有好处。交易越多，成本越高，收益就越少。因为男性比女性交易得多，所以他们的收益就比女性少。

男性获得较少的收益还有一个原因：男人比女人更具有冒险精神。具体到股市，肯定是这样。根据很多研究报告，与女性相比，男性会更经常地、更大范围地从事高风险的投资。一家银行的研究展示了同样的结论。男性所持仓位的 10% 是由高风险的投资证券组成的，而女性则对这种凭证根本不感兴趣。她们将 1/3 的资金投向被认为比较安全的基金和债券。男性只把大约 20% 的资金投入基金和债券，而把约 80% 的资金投向股票、期权和投资证券。这种行为方式的差异，在资产的价值发展中也得到了反映。2009 年，股票市场在世界范围内都快速反弹时，男性客户平均取得了 27.4% 的收益率，而女性客户只获得了 22.3% 的收益率。可是，如果由此就得出“男性是更好的投资者”的结论，那就错了。与女性相比，尽管男性在繁荣阶段由于冒险的投资行为获得了更好的业绩，但股市出现滑坡时，女性则由于态度谨慎，成效更显著。

德国科隆大学金融研究中心的一份研究报告证实这种观点也适合于金融机构。研究表明，与男性相比，美国股票基金中的女性基金经理更少遵循激进的投资策略，也比她们的男同事更不喜欢极端事物。她们的男同事遵循一种更积极的投资风格，更经常地更换资产组合。显然，不同性别在投资方面的差异也不例外地存在于行家之中。

生物学对这种行为差异给出了一个解释。许多研究报告表明，雄性激素的含量对人们的风险态度有很大的影响。雄性激素含量较高的女性就比她们雄性激素含量较低的女同事更具冒险精神。也许，不同的投资目的对于解释这种现象也有所帮助。根据民意调查，对于女性来说，经济独立是其更重要的投资动机。女性往往侧重于长期规划，这一切都要求制定一个与快速的股市业绩、迅速地买进卖出格格不入的投资策略。这个调查也说明，正确的投资策略不只是一个性别的问题，也是一个投资目标和生活状况的问题。

鉴于这个结论，还有一个尚未解决的问题：为什么股市中的女性越来越少？这个问题让我们回到了 1943 年 5 月。

在淘金热中赚到钱的，大多是卖铁锹的人

1943 年 5 月是纽约股市历史上一个不平凡的月份。18 岁的海伦·韩哲琳作为 150 年股市历史中的第一位女性，走进了交易大厅。《时代杂志》写道：“在过去的这周里，股票交易变得更有意思了。”为了防止在股市造成大的轰动，韩哲琳的雇主特意让她穿上了比较保守的服装。第二次世界大战把韩哲琳女士带到了股市。很多男人，包括原来在股市的男人，被拉到了前线，几百万女性第一次进入了投资的职业生涯。最后，女性出现在华尔街。随着战争结束，这一切很快就又过去了。现在，男人重新占领了华尔街。虽然还有女性继续在股市工作，但在交易大厅里，女性 20 年后才重返其中。

时代当然是改变了，可是并不是那么明显，在金融行业也是这样。在最大的 100 家银行和最大的 62 家保险公司的管委会成员中，女性所占的比例分别为 2.6% 和 2.8%。在德国，在 100 家最大的银行和储蓄机构的 418 个管委会职位中，女性仅占据了 11 个职位。在 62 家最大的保险公司的管委会中，女性和男性的比例是 11∶392。如果到法兰克福交易大厅或者管理着几百万名客户资金的基金公司查看一下，你就会发现这里的确只有很少的女性。

考虑到上面的研究结论，这是非常令人吃惊的。如果说女性不喜欢冒险，不经常变换资产组合，那么，她们在危机时期就比男性更成功。可为什么她们却不再出现在股市和基金管理行业中了呢？坦率地说，对这个问题还没有一个完全正确的答案。估计是很多因素综合作用的结果。如果我们前后一致地运用过度乐观的思想，我们就会得出一个令人担忧的结论：也许在股市存在太多过于自负的人。

支持这个令人不安的思想的论据之一，即谁会在股市寻找一个交易商或者基金经理的职位呢？估计越来越多的是那些对自己作为交易商和资产管理人的能力相当有自信的人。如果有人非常自以为是，他就会被股市选中；如果有人比较谨慎或者保守，他就只能远离股市。如果“男人是自负的”这种判断是正确的话，那么，就可以解释为什么在金融领域只有那么少的女性。

论据之二，即谁会长期地待在股市？首先是那些长期业绩良好的人。但如果一个人业绩良好的话，就会倾向于高估自己的能力。

回想一下自利性偏差。如果一切顺利，我们会归因于能力；如果失败了，那就是运气不好、偶然事件或外部环境。如果有人在股市取得成功的话，他首先会把这种成功归功于自己的能力，很少会归因于偶然和运气。这意味着，在股市的每次成功都使我们感觉更保险了，都会增强我们对自己的信心，并由此让我们更容易受到过度乐观思想的侵袭。

其结果是，我们行动更冒险、交易更频繁，一路上掏光钱囊。

这也符合很多实证的发现。那些过去在股市取得了良好业绩的人，有较大可能转行做网上交易商，并且会频繁交易。如果获得了成功，他们就归因于自己的能力，然后决定全力以赴，做更多的事。其结果我们已经知道了。谁还会想到那些教师和工匠的故事？他们在 2000 年网络公司处于巅峰时放弃了自己的职业，转而作为专业的私人股票交易者来维持生计。

报纸和杂志形象地刻画了这些人：饭店老板的儿子、企业主的孩子、企业经济学的大学生、家庭妇女以及原来的邮递员。他们都沉溺于股市的好运，通过在股市短期交易来度日。人们将这种行为称为“即日交易”，在官方的专业术语中大概是“股市中的即日交易”。在特别设立的，配有相应的信息系统、计算机和必要的股市软件的交易中心，他们天天碰面，为了挣大钱而投机于股市。他们做到了吗？即日交易者成功了吗？

他们可能没有人们想象的那么成功。美国一个针对某位经纪人的法律诉讼显示，根据余额，在 68 个即日交易的账户中，有 67 个是亏损的。北美证券市场管理者协会的月份研究报告也支持了“即日买卖者不像我们想象的那么成功”的这种假设。研究报告的结论是，即日买卖者根本不是真正的即日交易者。他们虽然在很短的时间里，确切地说最多在三天之内实现利润，但也会导致相当大的损失，并一直忍受这种痛苦的折磨。如果你再回忆一下损失厌恶，就会觉得这个模式好像似曾相识。大部分即日交易者输得一塌糊涂。

即日交易者的平均存活期为 4 个月。在这段时间里，他们支付的手续费超过了初始投入金额的 50% 以上。其原因主要不在于每次买入和卖出的手续费，而在于很高的换手率。即日交易者买进和卖出得过于频繁，而我们已经知道结果了。即日交易者每年平均调动他们的初始投入资本 287 次。据统计，大约 70% 的即日交易者在一年内输掉全部资本。

那么，即日交易的赢家是谁？这种活动的赢家是经纪人办公室。他们把即日交易的工作场所卖给客户，收取买入和卖出的手续费，教授昂贵的即日交易课程。如果客户投资失败了，那么，他就只剩最后的一步了：以一个小额费用把他的资金交给专家去管理。

一位受尽磨难的女性即日交易者切中了即日交易者过度乐观和自利性偏差问题的要害。她认识到，最糟的事情是作为新手就赚取大量的利润。一旦出现不可避免的第一次亏损，交易者就会埋怨一切，埋怨所有人，唯独不埋怨自己。显然，至少这位女性即日交易者从她的磨难中学到了东西。她转行了，成立了一家即日交易公司。**无论在什么地方出现淘金热，有一点是永不改变的：大部分的钱，总是靠卖铁锹挣的。**

那么，普通人是怎么看的呢？人们会在犯过错误后变得聪明；人们多次过于冒险，过于自负，被生活教训，并总能醒悟过来。是这样的吗？如果这个想法正确的话，过度乐观就不会是一个大问题了。那位女性即日交易者的事例表明，世界可不是那么简单。我们能够从错误中吸取教训吗？或者更进一步问，我们能够认识到自己犯了错误吗？一个有点戏剧性的例子表明，要从历史中吸取教训是多么艰难。这个关于战争的故事，是美国人的心灵创伤。

事后偏见：“我就料到会这样”

1941 年 12 月 7 日早上 6 点 15 分，183 架日本战机从瓦胡岛北面约 400 公里处起飞，在它们的出发地——日本皇家海军的航空母舰上空列队，然后飞向瓦胡岛港口。美国太平洋舰队就停泊在那里。对珍珠港的毁灭性打击是刺中美国人心脏的利刃。它被视为美国正式参战的导火索。在那之前，美国在形式上是被看作中立的。这次袭击的致命之处在于它的突然性。美国人被残酷地打败了，没人想到这一点。是这样吗？

在日本人这次进攻之前的几个月，美国的情报部门就截获了一份给一个在火奴鲁鲁的日本间谍的指令。他应该把珍珠港分成五个区域，然后作一份关于每个区域船只活动情况的报告。不仅如此，在偷袭前几个月，美国人跟丢了日本舰队，因为他们无法确定日本人无线电通信的方位。并且，还传来消息说，日本人在一个月之内两次更新了他们的电台密码，而在通常情况下，他们每六个月才更换一次。

后来，这被看作日本人正在准备一次重大行动的迹象。此外，还有很多其他迹象，如日本的驻外机构都得到指示要销毁保密的材料和密码。12月6日晚上，也就是进攻前夜，一位美军的高级军官收到一个消息，称日本的大使馆里充满了紧张的气氛，大量的文件被焚毁。这位先生看了看这则消息，考虑了5分钟，然后就去吃饭了。

珍珠港的灾难是可以被预见的吗？这些迹象不能起到信号指示灯的作用吗？也许并不能。为此，我们来看一个场景：

由于欧元强势，德国的股票价格下跌了。因为坚挺的欧元使德国企业的出口产品变贵了，从而减小了销售量。而这又给赢利预期和股价造成压力。

这听起来完全符合逻辑。人们肯定也是这样预测的。不是吗？也就是说，一旦你听到欧元上涨了，你就会卖掉股票，对吗？谁知道呢。再来看看下面这种情况：

由于欧元走强，德国的股票价格上升了。因为坚挺的欧元使德国企业从国外进口的产品变便宜了，特别是德国经济的驱动剂——石油的价

> 格变得更便宜了。这刺激了德国的国内消费以及国内生产。而这又改善了赢利预期，从而刺激了股价。

这听起来同样符合逻辑，只是现在如果当你听到欧元上涨时，必须去购买股票。人们都应该知道这一点的，不是吗？

心理学家称这种效应为"事后偏见"。如果我们知道了某个事件的结局，再回头去看，我们会觉得这不可避免。是的，这很符合逻辑，这就像它要发生的那样发生了。一对你颇为熟悉的伴侣分手了？是的，这也符合逻辑，他们太不相同了。或者，他们还待在一起？这也符合逻辑，差异性才产生吸引力。你在股价下跌时买入了股票，现在亏损了？明摆的事，永远不要试图去抓滑落的尖刀。你在股价下跌时买入股票，并获得了丰厚的利润？这是可以预见的，炮声隆隆时就应该买入。

简而言之，**一旦我们知道了一个故事的结局，那么，这个结局对我们来说，就是符合逻辑的，所以，我们相信，它是可以预知的。**

如果从这种效应的角度看，珍珠港事件就不再是那么可预测的：把珍珠港分为五个部分的指令没有特别之处，日本人在其他港口也有过类似的行为。失去日本舰队的无线电行踪也没有那么不正常；如果舰队在本土附近，用较弱的发射机进行联系，那么美国人的无线电监测台就无法截获。如果人们预计日本人近期会进行一次进攻，那么除珍珠港以外，还有其他大量的潜在目标。这就是"事后偏见"。

如果有人在事后对某种局势或者问题进行判断的话，他就有很大的优势：他知道这种局势或者问题的结局。这种优势是在面对现实问题必须作出判断时所不具备的。其结果是，如果有人知道了某个事件的结果，他就会高估这种结果出现的可能性。对这个事件结局的了解影响了我们的判断力。

人们可以通过简单的实验来验证这种效应。举一个例子：禁酒令被称为“高尚的试验”。这种说法对吗？你认为这种说法正确的概率有多大？我们假定，你选择的是70%，也就是说，你估计这种说法正确的概率是70%。过了一会，有人告诉你结果：是的，禁酒令被称为“高尚的试验”。这时你还记得你估计的概率是多少吗？在实验中，被试者们认为概率是90%。

反转这个游戏，情况就发生了变化。别人告诉你，禁酒令不被称为“高尚的试验”。这时，参与者记忆中他们估计的概率要低得多，可能只有60%。这种情况在很多实验中都发生了。人们告诉参与者一系列陈述，然后请他们表明，对于每个陈述，他们有多大的把握确定它是正确的。过一会儿，人们告诉他们所涉及的陈述是对还是错，并询问他们当初的估计。结果，参与者在得知正确的答案后，对他们原来的估计的回忆都是错误的。与实际情况相比，他们相信，自己的估计更接近于正确答案。当然，现在他们知道了结果，会更容易认为自己能够预测结果。

我们也可以用其他方式来表示这种效应。你知道1814年英国人和廓尔喀人之间的冲突的结局吗？不知道？没关系。相反，这反而有助于说明事后偏见。我们把参与者分成5组，给他们关于这次冲突的文章。当然，组与组之间有点小小的差别，每组被告之一个关于这次冲突的不同结局：英国人获胜；廓尔喀人获胜；没有和平协议的军事僵局；有和平协议的军事僵局；第5组作为对比小组，没有被告知结局。

然后，我们询问每组人，他们得到的结果有多大的概率是正确的。结果是，这些小组估计他们知道的结局会出现的概率要明显地高于不知道战争结局的小组。也就是说，如果有人被告知是廓尔喀人获胜了，他估计这种陈述是正确的概率要大大高于不知道冲突结局的人。如果有人被告知是英国人获胜了，那么他估计英国人获胜的概率就明显地高于不知道结局的人。对冲突结局的了解，改变了对事先预测这种结局的可能性的判断。

更严重的是，如果参与者知道冲突的结局，那么他们对所得到的信息的评估也就完全不同了。如果有人知道是英国人获胜的话，那么“英国人从挫败中吸取教训”的信息就会显得非常重要。如果一个人知道是廓尔喀人获胜的话，那么他就会把这个信息归入“不重要”的等级。当然，如果人们知道了某个事件的结局，那么他们就比较容易把重要的因素同不重要的因素分开，而关注决定性的因素，而这又加强了结局不可避免的假象。世界受到一种渐进的决定论的影响：这肯定会发生的。

简单地说，我们可以用这样一个句子来表述事后偏见：“我料到会是这样的。”**在事后，我们认为自己知道了这个故事会以怎样的结局而告终，但这不是因为我们有高超的预见能力，而是因为我们知道了结局。**股价下跌了？肯定会是这样的。这家企业破产了？人们事先就应该知道的。

这种事后偏见还带来很多令人不快的副作用。如果我们知道了某个事件的结果，自然就会高估其他人预测这种结局的能力。也就是说，如果有人知道了英国人和廓尔喀人冲突的结局，他就难以想象，人们不能预见这种结局。

类似的情况也适用于细节方面。如果有人知道是英国人获胜，他就会认为，那些不知道这种结果的人肯定也应该看到“英国人从挫败中吸取教训”这类信息的重要意义。他们怎么会不重视这个信息呢？这不明明摆在他们的眼前吗？

在评审人员那里，这种机制是相当令人难受的。因为人们要咨询评审人员，某个灾难或者不幸是否可以避免。如果评审人员知道事件发生的经过和结果，他自然就会获得这样一种印象：这个不幸是很容易避免的。如果有人知道是某个有缺陷的机器零件或者挡板或者松动的螺栓或者缺位的警示导致了这场不幸，那么他就会认为，人们当然应该看到这种状况是多么危险，然后相关负责人就被戴上了“玩忽职守”的帽子。

对于为什么以及如何产生这种效应的问题，存在不同的看法。有一种理论表示，用形象的说法，就是旧的记忆轨迹被新的信息所覆盖。人们用关于某个事件结局的新信息，制造出一个新的上下关联关系，然后给整个过程赋予一种新的意义。这扭曲了对可能性的估计。这种观点表明，不管是对事后偏见的警示，还是忽略新信息的要求，都是没有作用的，由此无法克服事后偏见。

另外一种理论猜想，新信息和旧信息同时保留在我们的记忆中，但受制于遗忘的过程。如果人们请参与者去发掘他们第一次猜测的理由，或者把新的信息看作不可信，那就会降低他们的事后偏见。旧信息看起来依然存在，人们只是必须给它一点帮助。

做个“事前诸葛亮”

不管事后偏见的成因是什么，它的后果都是不令人愉快的。我们没有从错误中吸取教训。用咨询业的行话来说，就是我们产生了“劝告抵触”。用普通的语言表述的话，就是“固执”或者“顽固”。

事后偏见使我们很难去学习什么。如果在事后我们觉得所有事件是不可避免的，因为在连贯秩序中它们是那么有逻辑、那么具有强制性，如果我们事后相信，自己可以料到它会发生，那么，我们就会高估自己预测和有准备地抗御这类事件的能力。也就是说，我们相信，我们有一双明亮的眼睛，能够在正确的时点上投资。毕竟我们预见了股价会下跌，预见了金融危机会发生，正如同我们预见了股价会重新上升一样。一切都符合逻辑，不是吗？

实际情况并不像事后偏见所展示的那样。但事后偏见效应诱使我们产生这样的想法，认为我们预见了它的发生，认为这是符合逻辑的，已经发生的就是终将发生的。由此，我们的环境（在我们讨论的情况中就是股市）是清楚易懂的、有逻辑的和可掌控的。如果我预料股价会下跌（或者上升），我还将重新成功地运用这种技巧。不是吗？为什么犹豫？为什么担忧呢？没有风险和犹豫，对我们的预测能力满怀自信（可惜至少在出现事后偏见的情况下确实是这样）地、大踏步地奔向股市吧。

如果想要动摇人们对股市预测能力的信心，可以借助一个简单的问题。股市专家来了，说美国房地产信贷危机是可预见的，人们早就料到它会发生。对此，我总是以反问：“那你赚了多少？”

现在让我们来谈谈精神导师。“精神导师”本来是印度教、锡克教和密宗佛教给宗教教师的一个称号。后来，精神导师成了人们赋予特别优秀的人士的一种令人崇拜的头衔。这些人士通常从事某种要求超群智力和专业知识的职业。

在股市，人们口中的精神导师是指那些经常以股市预言的方式出现在媒体上的专业人士。他们拥有一定的知名度，并由此成了名人。杜塞尔多夫证券交易所把“股市精神导师”这个词评选为“2006 年股市恶语”。这是完全正确的，因为精神导师的本意是无所不知的先知，他给人们答疑解惑。人们会认为，这有点不适合股市。就算有人要寻求解脱，他也不应该在股市里寻求解脱。

但真正的股市精神导师事实上也承诺他们可以帮助人们求得解脱，从股市上无所不在的不安全感中解脱出来。他知道，什么会发生；他知道，为什么会发生；他给我们指出通往更安全、更多利润和更成功的道路，把我们从错误中解救出来，从损失中解救出来。

2009 年，股市里充斥着大量的精神导师。他们都预见到美国房地产市场的灾难，并且带着这种荣誉和名望曝光在媒体的聚光灯下。毫无疑问，很多经济学家预见到了房地产市场的问题，但他们中的绝大部分都低估了危机的强度和幅度，即使现在他们不再愿意回忆起这一点。既然如此，怎么能知道他们说的是不是真的？很简单，我们只需要问一下“多少”这个问题：这些先知通过他们的知识挣了多少钱？为什么他们中的大部分人为了谋生还必须在媒体上出现？为什么他们还必须出售他们写的书籍？从这些事实中能够得出的结论就是，他们在危机中也没有挣到什么钱。

正是这一点让人产生疑问。有人非常肯定地预见了近几十年来最大的危机，但却没有从中牟利？看起来他对自己的预见也不是这么有把握，否则的话，他就会卖空房地产。那他现在也就不用在这里卖书了，卖书是多么累人的事啊。这个问题在大多数关于预测问题的讨论中都很有用。如果有人说，他预料到很多事情，那么你就问他：“凭你的知识，你挣了多少钱？”通常情况下，谈话会就此结束。当然，有时这样问显得有些无礼。

如果想摆脱事后偏见，就请自问一下“多少”这个问题：

> 如果我准确地预见到这家建筑公司的股票会上涨，那我买了多少它的股票？我又通过这只股票挣了多少钱？没有？为什么？如果这只股票肯定会涨的话，为什么我当时没有买呢？之前的我，也就是 6 个月或者 12 个月前的那个作为投资者的我，并没有购买或大量购买的这个事实，让我不得不得出结论，当时我对整件事情的结果的预测，其实并不像事后回想起来的那样有把握。

所以，我们要经常给自己、给所有股市先知提“多少”这个问题。大多数人总是把钱投到自己信任的地方。如果有人没有把钱投到他口中宣传的地方，那他就不是先知，而是个唯利是图的商人。

总而言之，事后偏见大大限制了我们的学习能力。通过诱导我们产生“不知为知之”的幻觉，事后偏见使我们自认为拥有一种我们实际上并不具有的预见能力和专业知识。它使我们错误地以为可以高枕无忧。这是多么美妙的事，赢者认为他们应该为这个结果负责，而输者认为他们不应为此负责。我们有可能防范这种事后偏见吗？通过警示？可惜不行。

很多研究报告表明，对事后偏见的警示是没有作用的。稍有帮助的办法是，请参与者有意识地寻找论据，说明为什么某个事件也有可能不同于他描述的场景，而以另外的方式发展。这种办法能够稍稍减轻事后偏见。所以，在一个审议过程中，人们要请求评审人员认真寻找事故不一定发生的论据。作为投资者，人们必须明确地自问，这次投资冒险是否会有其他结局。这会有所帮助，但只是一点点。

我们是否涉及其中，也影响到事后偏见的范围和程度。人们进行了一个实验，请了很多参与者，做了一个股市游戏。3周后，一部分参与者被告知，他们运气不佳，买的股票跌了很多。现在，人们问参与者，这种股价的损失是可预期的吗？下跌股票的购买者认为，这种损失是很难预见的；另外一些没有购买这种股票的参与者则认为，这种损失是可预见的。

道理很简单，这是因为我们的自我价值感。对于那些自我价值感同这种股价损失没有关系的人，这种损失是可预见的。而对于那些投资出现失误的人来说，如果他相信这种损失是不可避免且不可预见的，他就能够以比较轻松的心情正视自己。如果一切顺利，是因为我很优秀；如果失败了，是因为运气不佳，遇到了偶然事件，或者是其他人的问题。这又是自利性偏差，一种为了保护自我价值感的、有选择性的偏见。那些危及自我价值感的负面事件，在我们看来就是很难预测的。

概括地说，这是一种有些讨人喜欢的诊断。事情顺利，归因于我们的能力；事情失败，那是没有办法的事。这让我们产生一种“自己已经足够好”的温暖感觉。

通过诱导，事后偏见让我们觉得能够预知即将发生的事，并因此来支持和加强这种感觉。把这些加在一起，就造就了一个对自我、对自己的能力充分信任的投资者，但实际上很可能并非如此。这又回到了老问题：我们能够做点什么来防止事后偏见呢？气象学家和桥牌运动员与此有什么关系呢？红发绅士与此又有什么关系呢？

福尔摩斯的告诫

“红发绅士协会”是一个有些奇特的组织。这个组织每周给伦敦店主杰贝兹·威尔逊4英镑报酬。威尔逊只需要每周有四天到协会的办公室里坐几个小时，在那里抄写《大英百科全书》。在19世纪晚期的伦敦，4英镑是个很大的数目，所以，威尔逊果断地接受了这个职位。威尔逊得到这个职位，只是因为他有一头红色的头发，这是加入红发绅士协会的前提条件。当这个红发绅士协会突然消失得无影无踪的时候，威尔逊先生产生了怀疑，求助于当时最著名的侦探夏洛克·福尔摩斯。

福尔摩斯被这个奇特的案件深深地吸引，并相当快速地侦破了此案。这个红发绅士协会只是一个幌子，目的是引诱威尔逊离开他的商店，以便作为犯罪同伙的店伙计能够在商店的地下室挖出一条地道，抢劫隔壁的银行。一个古怪的问题很快被归结到一个简单的、普通的答案上。

福尔摩斯的朋友和助手约翰·华生记录了大量的案例资料。他总是非常惊叹福尔摩斯的洞察力。当福尔摩斯向他解释自己是如何得出结论时，华生惊异地意识到，这一切都不是巫术，而是相当符合逻辑的。华生经常反躬自省，为什么自己没有得出这个结论呢？华生说，如果听了福尔摩斯的解释，那么一切似乎都是清晰的和简单的。这正是事后偏见。一旦别人给了你解释，你就无法想象这件事情还有另外一种可能。

同过度乐观和自利性偏差一样，事后偏见能够造成资产组合的毁灭性损失。我们相信，我们能够战胜市场。我们相信，我们了解什么是有潜力的股票，并且知道什么时候应该买入或者卖出。而这正是股市灾难需要的所有材料。

那么，专业人士呢？他们应该能够更好地对付这些谬误吧？人们给股市业余爱好者和给人提供股市预测的投资专家做了一个关于预测的实验。如果人们问实验参与者，谁的预测准确率大一些？业余爱好者和专业人士的答案是一样的，他们都认为专业人士的预测更准确。实际上并不是这样。事实表明，业余爱好者的预测结果和专业人士的预测结果之间并没有什么差异。这两组人都表现得过度乐观，他们预测的准确率并没有得到证实。假设专业人士预测的准确率是40%，如果人们扔个硬币来预测的话，也会得到比这好的结果。

有一些人群比较少地受过度乐观和事后偏见的侵袭，这就是气象学家和桥牌运动员。我们能从这些人中学到什么呢？首先，他们能及时得到一个反馈。比如气象学家，他在周一时预测周二的天气。看看周二的天气，他就能够测试他预测的正确性。类似的情况是桥牌运动员。在游戏开始前，参与者就必须告知至少要拿到多少墩，然后开始游戏。几分钟之后开始清点，看看叫牌者是否拿足了他认为能够达到的墩数。

经常的、立刻的和直接的反馈是对付过度乐观的武器之一。如果有人每天、对每次游戏都作一个预测，然后立即进行对比，那么他对自己的预测能力的判断就会更现实一些。

此外，随时记录预测结果也可以帮助气象学家和桥牌运动员。在桥牌游戏中，人们将他的报价以牌的方式放到桌子上，并被记录在一张纸上。这样，桥牌运动员就很难给自己找到借口，说他早就知道这样不行，因为他的真实估计就被写在纸上，还被放在桌子上。在这里，人们无法自欺欺人。这是对付过度乐观的第二个秘密武器：对自己的预测进行认真的记录。

所以，不妨准备一本投资日记。在每次投资前都记录下决策过程：为什么你选择了它，你都给自己承诺了什么；写下赞同和反对的论据，以及你是如何评估和权衡这些论据的。尽可能准确和详尽地论证你的决定。

这本日记有两个作用：第一，迫使你系统地考虑投资决策。如果你在书面记录时确定，你很难清楚地论证这个决策的话，你应该再次对其进行思考。毕竟，无法用简单的、可信服的词汇来书面表述的东西，也许就不是合理的。它可能只是一种内心的感觉，一个瞬间的想法，一种短暂的情绪。

这本日记更重要的作用在于：一年后你再次把这本日记拿在手中，或者当你卖出投资产品时，你可以再看看，你当时对这项投资都写了什么。现在你无法逃避自己的预测，因为一切都白纸黑字地摆在那里，可以清楚地看到你是做对了还是做错了。在此，事后偏见就不再有机会了。

当然，这种策略的问题在于需要花费很多时间。外部环境越恒定，某类决策重复越多，我们得到的关于行为的反馈越多，那么从错误中学到东西的机会就越大。投资日记这种练习，特别适合那些经常在股市中作投资决策并自己管理资产组合的人。对于那些不是每天活跃于股市的投资者来说，又能做点什么呢？

这就更困难了。如果你只有很少的机会试错，怎样才能从错误中学到东西呢？这是很难的。必要时，你可以运用结构化的决策辅助工具，比如故障树分析法。一棵故障树就是一种对所有风险和故障来源分层级的图形表示。假定你想投资一种网络股票。有哪些方面可能会导致失败呢？首先我们要考虑这个企业有什么样的风险：萎靡不振的经济状况、新的竞争、新技术等。然后考虑有什么因素会危及这个企业。在每个标题下，写下我们想到的所有可能的原因。新的竞争会是怎么样的？一项新工艺会造成经济疲软吗？以这种方式，我们自然就会生成反对某项投资的论据。这至少会让我们的决策深思熟虑。

生活一直向前，但总是事后才能明了。人类总是更倾向于狂妄自大。这并不是说经验就没有价值了。如果理解了过度乐观的现象，可能会在生活中更仔细和小心。但人们也不能抹杀过度乐观的好处。如果有人过度乐观，就敢于冒比较大的风险，意味着有可能获得更高的回报。过度乐观会激发和鼓励人们做在其他情况下不敢做的事情。尽管如此，我们还是推荐上述练习。我不确定它们能否真的缓解我们过度乐观的情绪，但它至少能使我们的决策系统化，这一点是肯定的。

现在让我们进一步思考一下，我们是在什么基础上作决定的？通常是借助数据。在这方面是否也会存在陷阱呢？让我们来问一问一位男士。他在某一天烦透了，开始提出一个麻烦的问题。

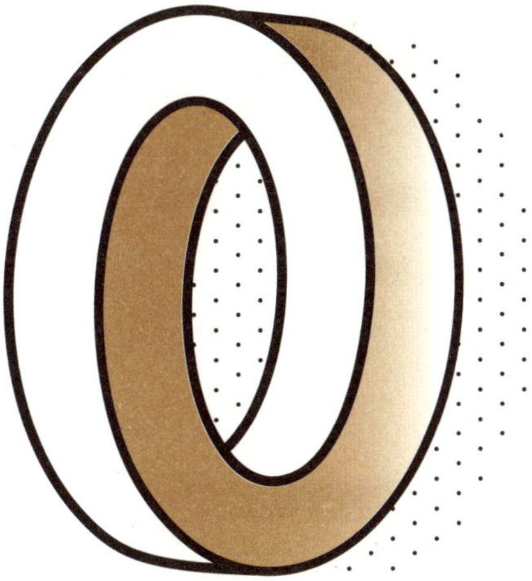

GELD DENKT NICHT

第 9 章　证实偏见
“先入之见”欺骗了我们

墨西哥神枪手用手枪朝一堵墙射击，然后在弹孔的周围画上靶子，并大声称赞自己作为射手的能力。证实偏见的漏洞有多大？
忠于别克和奔驰品牌的老客户比第一次买车的新客户大约分别平均多支付 1 000 美元和 7 500 美元。因为相信它值这个钱，所以愿意多付钱。证实偏见如何偷走我们的金钱？

丘吉尔究竟有没有说过这句话？

有一天，维尔纳·巴尔科真的是烦透了。从那天起，他开始提出问题。确切地说只是一个问题。巴尔科是德国巴登-符腾堡州统计局“基本问题、公共关系和局长办公室”部门负责人。这听起来不像是一个伤脑筋的工作，但有一句箴言总是让巴尔科伤脑筋。一旦他说他的工作与统计有关，他就会听到“不要相信不是你自己编造的统计数据”这样的箴言。

这是一句陈旧的、高智商的箴言。那些说话风趣并且想在讨论中立即把对方的论据从桌子上抹去的人都会用这句箴言：“不要相信不是你自己编造的统计数据”。他们总是试图把这句箴言抛向用数据来强调论点的人。这句箴言很有分量，因为它来自一位有特殊地位的政治家——温斯顿·丘吉尔。他是英国的首相、军人、战地记者、诺贝尔奖得主和英国的象征。起码，这是那些喜欢用这句箴言来表达对数据的蔑视的人所声称的。

由于职业原因，巴尔科肯定不会蔑视数据。他认为，数据有助于让事实达到可检验的状态。巴尔科把某件事情提到了检验的状态，这就是刚才丘吉尔的那条箴言。

它真的是丘吉尔说的吗？巴尔科开始求证这条箴言的来源，他想确定，这句箴言到底是不是丘吉尔说的。德国法尔肯出版社出版了《法尔肯现代箴言大全》，其中引用了丘吉尔这句关于编造统计数据的箴言。出版社能够告诉他这句箴言的原始出处吗？出版社的答复是令人失望的：

> 关于丘吉尔箴言的出处问题，我们只能给予你很不确定的答复。编者查阅了大量报纸、杂志和其他可公开阅读的期刊，都没有出现箴言出处的准确记录。

出版社认为，这句箴言可能出自《南德日报》。他们对未能提供准确的信息表示遗憾。巴尔科可不想这样轻易放弃，所以他继续研究。比如询问英国统计局。那里的人说，他们从未听说过这句箴言。联系历史悠久的《泰晤士报》，那里的人也说从未听过。

如果有人认真地读过丘吉尔的著作，肯定会猜想，丘吉尔对数据、事实和可检验的信息是有偏爱的。也就是说，他是统计学的朋友，尽管他也知道编造统计数据的问题，比如德国军方战报的统计。也许这句箴言根本就不是出自丘吉尔之口？到底是谁说的呢？也许是一个不那么认真对待统计数据的人，主要是在战略利益上。他是这么说的：

> 为了散布谎言，绝不能用官方机构和新闻通讯社等，而是必须立即彻底地掩盖谎言的出处。

说出这句箴言的人叫约瑟夫·戈培尔，他是第三帝国的宣传部部长，也许他是丘吉尔那句箴言的发明者。他指示德国媒体，把丘吉尔描绘成一个伪造数据的骗子。由此，就非常接近那个猜测了：也许是戈培尔让这句箴言流传，然后转嫁于丘吉尔，以损坏他的声誉。尽管如此，在后来，这句箴言还是继续被加以引用，证明统计和数据都是谎言，人们可以根据自己的需要对其加以改造。

在美国，与此相关的是另一句名言：“谎言、该死的谎言以及统计数据。”是作家马克·吐温让这句箴言流行起来的，他同样把它归在一位英国首相——本杰明·迪斯雷利的名下。当然，在迪斯雷利的著作中同样找不到这句箴言。人们可能认为，大家已经知道了这种模式。看来关于统计造假的箴言本身也是假的。统计受到人们的蔑视，被说成是赝品，尽管实际上没有比数据更客观的东西了。

你愿意在不确定的基础上作决定吗？这一章的内容将向你展示，不是数据欺骗了我们，而是我们欺骗了自己。我们经常错误地理解数据、解释数据。或者我们过于轻率地接受别人提供的数据，没有批判性地去探究这些数据，从而使我们遭受失败，就像基金行业。

三个淘汰基金公司的标准

投资基金简直是一个天才的发明。拥有少量资金的投资者将这些资金托付给基金公司，这些公司让客户的资金实现增值。基金公司越成功，其客户就越富有。当然，基金公司也有所收获，因为这归根到底是付费服务。对此，人们需要知道基金公司的收入。通过什么？通过业绩。所以专业杂志和报刊上充斥着基金公司展示投资业绩的广告。在这里，有几项人们应该注意的标准。人们可以借助它们筛掉一些基金公司。

广告表现业绩时，大都是用一个可以展示公司产品价值增值的数据图表。如人们可以想到的那样，这个图表和曲线展示的总是一种向上的趋势，这会给人一种了不起的投资业绩的印象。

图表专家只需将横轴稍稍压缩一点，上升趋势就会变得更明显。同时，在曲线的尾巴处增加一个箭头来体现其完整性。这使得一切都显得更有活力。这难道不是欺骗吗？

如果说，对于这种对业绩的创造性图像加工的做法还会有不同看法的话，那么对于在业绩宣传方面的其他误导做法则是没有异议的。人们应该将这个部门的第一个说谎者立即清理出去，也就是那些没有提供比较标准的图表。“湖拉投资公司确信能取得 10% 的增长”听起来相当不错。如果人们不知道当时相应的比较市场的竞争对手的成绩如何，那么这种表述就没有什么说服力。如果湖拉投资公司涉及的是国家债券这样的保守投资品，10% 就是很高的了；如果是高风险的科技股，10% 就是比较逊色的。所以，如果没有人提出比较标准，用专业的术语来说就是没有提供标杆，那就应该立即被剔除出去。这是第一个简单的淘汰标准。

紧接着就是第二轮筛选。如果你再次阅读上面的例子，你就会立即想起一个决定性的问题：在什么样的时间段里，湖拉投资公司获得了 10% 的利润增长。这里有一个简单的伎俩。湖拉投资公司从最低点开始计算它的投资利润，其结果就是一个令人骄傲的利润增长。比如说，湖拉投资公司在 1999 年以 100 欧元的价格开始投资，在 2000 年上升到了 200 欧元，在 2003 年下跌到了 20 欧元，现在，价格处于 60 欧元。那么，下面的哪种表述是正确的？“湖拉增长了 3 倍”还是“湖拉的价值损失了 40%”？湖拉的经理层会把哪种广告用语用到报纸广告上？

令人气恼的是这两种表述都是正确的。从低点出发，湖拉的价值的确增加了3倍，但这对在1999年，甚至2000年购买了这个基金的人来说，没有任何帮助。对于在 2000 年以 200 欧元的价格购买的人来说，这甚至意味着“湖拉让他的资金损失了 70%”。

因此，只有观察一段较长时期，一个基金或者投资公司的价值增值才是有说服力的。如果基金公司有意选择相关时间段，你就可以肯定，这只是纸面上的业绩。这是第二个淘汰标准。

我们再来看看上面已经意识到的问题，这样一来，下一个要点很快就清楚了：为什么是湖拉传统基金被拿来宣传，而不是湖拉新科技基金？理由很简单，因为湖拉传统基金正好实现了利润，但是湖拉新科技基金没有。如果湖拉新科技基金有更高利润的话，可能就会被拿来做广告了。也就是说，基金公司也许是正好用有利润的基金来做广告，而我们则受此影响。也许这个基金公司的其他基金都成了投资废品，但我们却认为湖拉是一家相当不错的公司，它拥有的这只经典基金运作得确实不错，不是吗？由此，我们得到了第三条淘汰标准：我们应当用总体业绩来评判一家投资公司，而不是根据某个也许是偶然取得成功的产品。

这里潜伏着下一个统计陷阱，即所谓的"幸存者偏见"。让我们假定，湖拉公司宣传，它提供的 5 只基金都是卓有成效的，且都有赢利。这听起来很不错，是吗？但在过去 10 年中，湖拉设立的另外 10 只基金全部都因亏损终止了。如果你得知这种情况，你会怎样评判湖拉的业绩？人们突然确定，湖拉，更确切地说是湖拉的客户在 2/3 的产品上都遭了难。这时，这 5 个卓有成效的产品也就不再那么成功了。

幸存者偏见，在德语里可以被称为"省略错误"。它非常残酷地在统计中起着作用，比如当涉及一个投资类型的业绩时。在 10 年中，德国的基金行业取得了 5% 的利润。当你读到这里，你并不知道，德国有多少基金没有在考虑范围内，没有给这个统计数据贡献不好的业绩，因为它们已经被清算了而且亏损最大的基金没有被包括在内。根据研究时间的长短，这样做会对投资价值增值高估 0.4% ~ 1%。

此外，人们在股票指数方面也会犯省略错误，如 1896 年成立的道琼斯工业指数或者德国股票指数。这些指数会接受最大的、最成功的企业，而踢出那些发展不好的企业。所以，这样的一个股票指数，只反映了成功企业的价值成长，而忽视了那些失败企业的价值成长。所以，如果某个金融公司在广告里说，在过去的 20 年间，道琼斯指数或者德国股票指数增长了 4 个百分点，这对整个股票市场的运行情况来说是没有什么说服力的。更没有意义的是，如果你 20 年前购买了几只当时处于股票指数内的股票，现在你能获取多少利润呢？

排名第一的基金能买吗？

到目前为止，上述现象也许还只是为重量级的投资广告做的热身工作，这个重量级的投资广告就是传奇的、令人敬畏的、受人喜爱的和被滥用的排行榜。排行榜的基本思路是简单的和强大的：谁要找最好的基金、最好的投资公司，请看排行榜。在排行榜上，按照价值成长水平排列了各种基金产品。排在最前面的就是顶级的，是特定金融行业中的佼佼者。如果这是确定的，我们就可以节省大量的费用和咨询时间，只需看一下排行榜即可。事实上，这个解决办法确实深受人们喜爱。它简单、快捷、花费很少、有说服力，还是一个相当不错的对失利情况的辩解。有人知道 2010 年的基金在后来几年中的业绩会这么糟糕吗？有人预料到这种情况吗？也许每个思考过排行榜的本质的人都应该能料到。

我们来看一下飞机驾驶员模拟飞机着陆的例子。在飞行模拟器中，培训飞行员的教练经历过这种事情。他们发现，模拟器里的一次成功着陆后的夸奖不会使下次的着陆更好，而是更差。同时，他们还发现，一次特别差的着陆后的训斥会使下次着陆变好。教育学家不愿意听到这样的说法：表扬有害，批评反倒有用。这是真的吗？

统计学家认为这不是必然的，并指出了一个被称为“均值回归”的现象。这种观点认为，包括飞行员试着陆在内的很多现象都受制于偶然的不稳定性。有时着陆会好一些，有时会差一些。所以，如果一个飞行员成功地进行了一次很好的着陆，而且这次着陆已经是可能的最好结果了，那么他下次着陆会差一些的可能性就很大了。他的成绩回归到了平均水平。很好的或者很差的着陆可以说是向上或者向下的异常值。平均来说，它们对这个飞行员的能力来说没有代表性。他的成绩会回归到平均值。由此我们就清楚了在飞行模拟器里发生了什么。不是表扬或者批评使飞行员更差（或者更好）了，而是飞行员回到了平均值。一次出色的着陆后紧跟着一次较差的着陆，同样的逻辑，在一次特别差的着陆之后肯定会紧跟着一次较好的着陆。表扬和批评跟这一点根本就没有什么关系。

如果我们把这种想法运用到排行榜上某只基金的排名上，那么，这种排名就黯然失色了。如果某只基金名列第一，并不意味着这只基金有多好。相反，这有可能意味着该基金在下一年不再占据第一，因为第一的位置——这个特别优秀的业绩，只是一个正面的异常情况，基金业绩紧跟着会回归到令人悲伤的平均值。这个论点普遍适用于上一年某种投资产品超过平均值的情况。这并不是超过平均水平的能力的证明，可能只是一种偶然取得的顶尖成绩。这种顶尖成绩一年后就会被忘掉，如同飞行员一次特别出色的着陆一样。所以我们得出的结论是：我们不能信任排行榜的获胜者，因为在下一年它令人失望的概率是相当高的。

这种思想会引向一种听起来有些冒险的投资策略。人们是否应该购买某年业绩不好的基金，以期望它的这次失败只是一种偶然，紧接着它就会回归到平均值呢？通过构造两种资产组合，经济学家维尔纳·德·邦特和理查德·泰勒对这种策略进行了验证。一组资产组合由过去 3 年中表现最好的 10% 的股票组成，另一组资产组合由过去 3 年中表现最差的 10% 的股票组成。60 个月后，由差的股票构成的资产组合，其业绩要比参照市场好 30%。而由好的股票构成的资产组合，其业绩要比参照市场差 10%。正好是回归平均值。

如果一只基金不是一年，而是两年或三年名列排行榜前茅，那又意味着什么呢？这不是优秀能力的表现吗？有可能，但并不一定。即使超过三年名列前茅也还有可能是偶然的。如果某只基金多年连续占据榜首，有可能但并不一定就是出色的基金管理的表现。我们假定，股市多年处于萧条状态。有一个基金经理每年扔一次硬币，头像代表股价上涨，数字代表股价下跌，那么他连续三年打赌股价下跌的概率为 12.5%，他按此来安排投资，就会击败所有同事，哪怕是只有一年希望股价上涨的同事。通过投掷硬币，他就能混到排行榜第一。

可是，我们的头脑是不会毫无感情地对待在排行榜名列前茅的这三年的。在这里，我们受制于一个法则，科学家们将它命名为“小数定律”。其实，并不存在“小数定律”，而是存在一个“大数定律”。对此，我们要感谢数学家雅各布·伯努利。他于 1655 年出生于一个著名的数学世家。这个家族先后出现了许多知名的数学家：雅各布·伯努利、他的弟弟约翰·伯努利和侄子丹尼尔·伯努利。他们都属于有史以来最伟大的数学家。在雅各布·伯努利专心从事他喜爱的数学之前，屈从于父亲的要求，他违背自己的意愿在大学学习神学。后来，他旅行学习，到过荷兰、英国和德国。他在巴塞尔举办私人讲座。1689 年，34 岁的雅各布·伯努利在巴塞尔大学获得了一个数学教授的职位。

我们可以用投掷硬币的例子来说明雅各布·伯努利的大数定律。投掷硬币过程中出现头像和数字的概率各为 50%。现在，如果扔 6 次硬币，人们不能期待正好是 3 次出现头像和 3 次出现数字。即使投掷 10 次或 20 次，我们也不能期待头像和数字正好各出现 5 次或 10 次。

当然，投掷的次数越多，我们就越肯定头像和数字出现的次数会接近于理论上可期待的结果。所以，如果我们投掷 1 万次硬币，我们就能相当确信，头像和数字会各出现大约 5 000 次。投掷的次数越多，按数学家的话说就是“随机抽样范围”越大，那么我们就越接近于理论上正确的结果。这就是大数定律。

然而，我们经常错误地假设被心理学家称为“小数定律”的东西。我们在只有很少的随机抽样时就期待大数定律的出现。在 6 次投掷后就期待出现 3 次头像和 3 次数字。如果连续出现了 5 次数字，那么，我们就会认为，这不是偶然的象征。如果连续出现了 5 次数字，那么，大多数人就会凭直觉把赌注压在头像上，因为我们期待在这 6 次的投掷中，大数定律也能得到体现，尽管数字 6 不是一个“大数”。

让我们回到排行榜。如果一只基金连续三年在排行榜上名列前茅，那么，在我们的眼里，这就不是一个偶然的结果。我们只有一个很小的抽样，却假定这个随机抽样的结果可以代表现实。连续三年，这总不会是偶然的吧？但它很可能就是偶然的。上述例子，以抛硬币来决定投资的那个基金经理在排行榜前面的概率为 50%，而他连续三年名列前茅的概率则是 12.5%。从统计学的角度来看，要得出隐藏在背后的推论，三年太短了。按照大数定律，我们赋予排行榜的意义太大了。

如果考虑基础效应，那么对于排行榜的爱好者来说，情况还会更糟。我们假定，在第一年，某位基金经理偶然取得了很好的业绩，大大领先于竞争对手。现在，即使他在接下去的两年里只取得了平均业绩，那第一个好的年头也足以把他拱上三年排行榜的榜首。然后，我们就会在广告中读到：“湖拉投资公司以三年第一的业绩领军基金排行榜。”

但是我们不知道，湖拉基金的经理只是因为在第一年运气太好了，否则的话，他只能处于平均水准。这样的话，我们还会把我们的资金托付给他吗？作为投资者，如果有人想避免这种陷阱，那么，他就应该关注每年的回报，而不是累计回报。所以，广告语不应该是“湖拉连续三年位居第一”，而是“湖拉每年获利 X%”。

排行榜的问题只有这么多吗？可惜这还不是全部。还有一个问题，并且是一个非常令人不快的问题。如果这家公司或者更准确地说某位基金经理骗人的话又该怎么办？在这方面，有这样一个事实：人们不愿把苹果同鸭梨相比较。也就是说，人们不会把一个投资于网络股的基金同一个投资于国家债券的基金相比较。合理吗？当然。但当人们尝试把每个基金分到它们相关的小组时，原来听起来非常客观的东西很快就变得模糊了。通过一个例子可以让这种观点变得更清楚。我们假定，有苹果基金和鸭梨基金两组投资。苹果基金以收益优势和风险管控而著称，鸭梨基金则是安全的投资，但它不能获得那么大的收益。现在，鸭梨基金的经理处于鸭梨基金排行榜相当靠后的位置，但他有很大野心。为什么不把一些苹果基金的股票纳入仓内呢？这虽然会提高一点风险，但是却能带来更高的收益，并且使鸭梨基金的经理能够领先他的同事，领军基金排行榜。

你觉得这样公平吗？是的，有一些不公平。在投资基金的世界里，每一只基金并不是那么容易鉴别的，因为这里有很多种类的基金，而不仅仅是苹果和鸭梨。把一种产品归到某种投资类别，经常是公说公有理，婆说婆有理，存在着很大的解释空间。基金公司知道应该将自己归到何处，也就是说，他们要将自己归到能在排行榜中取得最好位置的类别里去。为了获胜，人们只需要同正确的对手比较。尽管制作这类排行榜的公司或者金融服务提供者会注意这类伎俩，但他们也并不总是能够清晰和毫无瑕疵地进行这种投资分类。

一个原因也在于这样的投资分类越来越多。比如，一家位于法兰克福附近巴特洪堡富人区的财务分析公司颁布的年度最佳基金奖，就在 14 个基金分类中，每一类奖励了 5 只基金（总共有 70 名获奖者）。获奖的基金类别有：亚洲太平洋股票、德国股票、新兴市场股票、中东欧股票、可持续发展世界股票、北美股票、世界股票、全球灵活混合基金、欧元养老基金、欧元共同投资等级养老基金、欧洲货币养老基金、全球货币养老基金等。

你是否觉得够多了呢？别着急，因为还有另外一家财务服务公司的“基金奖”，在那里，基金按下面的类别进行奖励：大债券、小债券、大股权、小股权、混合资产、海外混合资产、大海外、可兑换小债券、欧洲可兑换债券、全球新兴市场债券、全球欧元债券、高回报欧元债券、通货膨胀挂钩欧元债券、短期欧元债券、欧元区债券、欧元套期保值的全球债券、英镑债券等。

如果这还不够，那么在这些分类中，部分分类还能进一步区分为三年、五年和十年价值成长。但这绝对不是金融界颁发的全部奖项，在这之外，还有最佳基金公司公司奖、最佳基金经理人个人奖。几乎所有人都被授予某个奖项，而这种奖项会在一个豪华饭店、在一个庆祝晚宴上颁发。嘲讽者说，基金公司必须很努力，才能“幸免于”获奖。但这种颁奖晚会的晚宴总的来说都是相当热闹的。

这种盛大的颁奖闹剧有两个功能：第一，它是一个很好的理由，使得行业的专业人士可以一起聚会交谈；第二，晚会后，获奖者就可以利用这个奖项为自己的产品做广告。“54 个月东西伯利亚小公司股票类最佳基金”绝对是一个名副其实的广告用语，不是吗？批评人士认为，这类奖项还有第三个功能，就是通过颁发和传播这类奖项，让这类奖项的提供者赚得盆满钵盈。

遗憾的是，我们过于被这类排行榜的魅力所诱惑。我们过于把某个此类排行榜的某种产品的排名看作它的业务能力的表现，而不是首先思考这类排名在多大程度上会受到基金公司能力之外的因素的影响。此外，也没有很好地想一想，应该如何评价这种用来做广告的排行榜。

在很多研究报告中，我们可以看出这种状况的后果。投资者倾向于将资金转移到在以往的年份取得良好业绩的基金上。如果某人获得了第一名，就能大量地聚集资金。这同样发生在企业的养老基金上。美国的情况显示，某个企业的股票在过去年份中的业绩越好，企业的员工就把越多的企业养老金投在自己企业的股票上。如同我们还将看到的那样，从根本上说，这不是一个好主意。未来业绩将会以完全相同的轨迹继续发展的想法，对于投资来说没有什么实用指导意义。如果真的这么简单的话，那就不需要咨询顾问、书籍和金融教授了。

那么，信赖和依靠某个股市精神导师又会怎么样呢？现在是时候来看一看超常的人、巨兔和尼斯湖水怪了。

股市预测专家是怎样炼成的？

2010 年是糟糕的一年。在这一年，南美的一个城市受到硕鼠袭击，这些硕鼠劫持了美国总统的专机。在柏林和法兰克福，人们对飞机进行了导弹进攻。在 8 月 13 日（当然还是星期五）10:15，一场全面的大地震席卷全球。如果人们相信智者的话，这一切就都应该发生。这些都是智者对 2010 年的预测，但它们并没有变成现实。2008 年和 2009 年也没有更好一些。既没有抓住尼斯湖水怪，也没有在中国找到轰动性的绿熊和巨型家兔。金门大桥没有倒塌，英国的王冠珠宝没有被盗，100 个国家没有被卷入第三次世界大战。

这些预言的范围是相当宽泛的。比如，有人不断预言美国总统被袭击、大灾难、王公贵族的婚礼钟声、名人离婚等事件。在这期间，一个女预言家中了头彩。她在 2007 年 12 月预见了丹麦王子约阿希姆在 2008 年的婚礼。虽然丹麦王室在 2007 年 10 月就已经公告了这场婚礼。

100 个国家的第三次世界大战是专家们从文艺复兴时期的预言家诺查丹玛斯的著作中援引的，估计是一个翻译错误。对于股市，也经常存在预言。比如，占星学家曾预言 2008 年是一个股市稳定的年份，到年底，德国股票指数能上升 5 ~ 10 个百分点。事实是，在这一年德国股票指数下跌了约 40%。是啊，在生活中没有东西是精确的。

精确性是预言家或者股市精神导师取得成功的关键。在这方面，专业的精神导师或者预言家会利用一个人们心理上的缺陷：我们习惯于在与环境、旧看法和已获知的信息的联系中收集和诠释新信息。

一个小小的实验就可以显示这是如何导致偏见的。人们请大学生对一个姑娘的阅读能力进行判断。为此，人们向他们展示了这个姑娘的录像。当然，在这过程中有一个小小的技巧：人们给第一组大学生展示的是这个姑娘在一个富裕的郊区游玩；她的父母被描述成大学毕业的白领。人们向第二组大学生展示的是同一个姑娘，但是在一座不那么漂亮的城市公园里，她的父母被描述成高中毕业的工人。

实验结果是可想而知的。大学生确定，那位出自富裕郊区、父母拥有高薪工作的姑娘具有更强的阅读能力。出自工人家庭的姑娘被归于较弱的一档。同一个姑娘，人们只是改变了附加信息。单单“姑娘不是来自条件好的家庭”这个信息，就使得大学生把她归入较差的那一类。这是典型的家庭出身的偏见。

人们把同样的实验再做一次，但这次让这两组大学生都看这个姑娘的一个面试。两个小组看同样的录像。其结果是，对这个姑娘的先入之见变得更加突出了。两组大学生都更加坚定地认为自己的预测是正确的，尽管人们期望面试的录像会让两组大学生的估计更客观。但是事实正好相反，面试带来的附加信息反而加强了对这个姑娘的偏见。面试这个同样的信息，按照两组大学生最先不同的看法，加强了各自的观点。

这就是“确认偏误”，也可以被称为“证实偏见”，或者“先入之见陷阱”。我们看到和注意到的东西，取决于我们原有的信息和先入之见，它们影响我们对信息的解释。如同上面的实验所显示的那样，这会使得我们有倾向地诠释信息。所涉及的信息越不准确，这种倾向就越明显。这甚至能够使一个同样的信息得到完全不同的诠释。比如，给一组大学生一些关于死刑判决的原始材料，人们就会看到：死刑赞成者会把这些原始材料当作支持他们观点的佐证；同样，死刑反对者也会把这些原始材料作为支持他们意见的证明。

这是智者乐意利用的证实偏见，至少是那些聪明的智者。他们预测一件事，并且尽可能运用模糊不清的表述。这个预测的接受者会参照他们的先入之见、原有观点和期待对这种预测加以诠释和扩充。比如，“我看到你将面临财务方面的一个重大决定”这个预测会被我们的大脑放大。新工作、新住宅或者工资的提高等各种尚未发生的事件都被指向这个不清楚的表述，并由此赋予这种表述内容和意义。这使得智者变成了具有预测能力的人。

股市预测也是这样。对预测的表述越不准确，它们就越有可能成为现实。人们事后赋予空洞的预测以现实的解释。比如那个著名的智者预测的："世界大众最可辨别的事情，主要会发生在欧洲和美国之间。”这是一个不管怎样总能成为现实的预测。

由此，我们得到了让股市精神导师真正飞黄腾达的秘诀：他应该在表述中做到尽可能地不准确。他说，股票将至少上涨 5%，但是不说在什么时间；他说，欧元会在未来的三个月中下跌，但不说会下跌百分之多少；他抛出烟幕弹和陈词滥调。然后，如果股票上涨了或者欧元下跌了，那么就会有听众怀着敬畏之心确认，他的预测是多么准确。

如果认为这还不够，也不用发愁，还有其他办法能够使他成为一个优秀的股市预测专家。

第一个办法，尽可能使用不严格的表述，同时利用证实偏见。于是，全世界都会惊叹，他作了多么准确的预测，尽管实际上一个足够分散的预测总是会应验的。

第二个办法，墨西哥神枪手。你还记得吗？墨西哥神枪手用手枪朝一堵墙射击，然后在弹孔的周围画上靶子，并大声称赞自己作为射手的能力。预测家也会做同样的事：他们作尽可能多的预测，然后想办法只让应验的预测保留在大众的记忆中。他所作的预测越多，这个或者那个预测被证实的概率就越大。听众们就会惊讶于精神导师的先知能力。所以，这就好比他用霰弹枪朝一个靶子射击，然后将靶上的弹孔作为特殊预见能力的佐证。其余分散在靶周边的弹孔，他们会巧妙地通过大众传媒来加以掩饰。这真是一个简单的，但相当有效并带来乐趣的技巧。

第三个办法，依靠连续性。人们提出一种观点，然后毫不动摇地坚持这种观点。比如，德国股票指数将上升到 8 000 点以上。现在他只需在足够长的时间里坚持这种预言，因为德国股票指数早晚总会重新上升到 8 000 点之上。然后，他就会跳出来说，在几年前他就知道这一切将会发生。“多年前贝克就预测，德国股票指数将会上升到 8 000 点。”这读起来很吸引眼球。这难道不是一个具有特别的预测能力的人吗？不，他更可能是一个特别固执的家伙。也许他在预测错误的阶段错过或者失去了很多的钱。

在实践中，人们会应用什么办法呢？人们会使用一系列的统计方法、经济学技巧和其他的半神秘模式。如果你想作为预测家谋生，那就选择风险最小的办法。你预测大多数人预测的东西。为什么呢？很简单，因为这能保住你的职位。如果预测失败了，你可以辩解，其他人也没有做得更好。你的老板还有什么可说的？

好了，我们也不愿把人们想得这样阴暗。当然，严谨的统计方法也在努力通过科学道理解释预测。从根本上说，这是可行的。即使在这方面也潜伏着“确认偏误”或者说“证实偏见”。或者，你相信仙鹤会带来童子吗？不会？肯定吗？对此，统计学有什么说法？

伪相关：仙鹤真能够送子吗？

在欧洲，经常可以看到白鹤。根据统计学家罗伯特·马修的说法，白鹤跟孩子的出生数量有关。马修把 17 个欧洲国家中成对白鹤的数量同婴儿出生率进行比较，确实，仙鹤越多，新出生的孩子就越多。这是一个充分的统计证明，因为根据马修的计算，这两者之间存在着一种被统计学者称为“关联关系”的联系。简单地说，人们通过比较两个数列的值来计算某种关联关系。如果第一组数列的值（某个国家成对白鹤的数量）很高，第二组数列的各个相关的值（同一国家婴儿出生的数量）也很高的话，它们就可以通过数学进行归纳和计算。如果不存在关联关系，就意味着在很多情况下，在某个国家有很多的成对白鹤，但却有很低的出生率。

人们用所谓的关联系数表示这种关系。对仙鹤来说，这个系数为 0.62。如果系数值为 1，就表示一种完全的关联关系，表示成对白鹤和婴儿出生数一对一同比上升。如果系数值为 0，就表示没有关联关系。所以，0.62 表示白鹤的出现频率和孩子的出生率之间一定存在着某种关系。在刻度 0（没有关联）到 1（完全关联）之间，它处于 0.62 的位置。如果你回忆一下第 2 章，你立即就会想到，这里出现的关系也可能是一种偶然现象，就如同“兴登堡凶兆”和美国橄榄球杯指数一样。但这一次我们不会让自己受到偶然事件的愚弄，是吗？

绝对不会。所以，马修也做了一个关于偶然性的测试。这个测试稍稍有些复杂，但从原理上来说却相当简单。人们假定，这里不存在关联关系。那么这个结果是偶然产生的概率有多大呢？马修的计算结果是：这种关系偶然地显示在数据中的概率为 0.8%。反过来说，根据这个计算，仙鹤送子的概率为 99.2%。

我们当然知道，仙鹤不能送子，那我们就不禁要问，错在什么地方了呢？如果涉及的是另外的关联关系，那又是什么呢？或者，如果在这里存在我们希望真实存在的关联关系，那又是什么呢？

证实偏见会使得我们相信这类关联关系，而不加以深究。专家们称之为“伪相关”。人们提出一个假说：在天气好的日子，股市会上涨，因为这时交易商的情绪比较好。然后开始寻找能证明这个假说的信息。由此，人们构造了太阳和股价之间一种可能错误的联系，并用这种联系来证明自己的假说。假说和有选择地来寻找求证的信息，会使得人们去构造各个变量之间的一种关联关系，而这种关联关系从统计学的角度来看并不存在，或者关联程度并没有那么强烈。按统计学的说法，这后一种情况就是高估了关联度。

在仙鹤的例子中存在着关联关系，它看起来也不是偶然存在的。马修说的是不是有道理呢？我们大家都很清楚地知道，孩子不是这样来到世界上的。但是如果涉及其他假说以及货币、股价、经济增长、利息或者其他的国民经济变量之间的关联关系，那就复杂多了。在某种程度上，所有的东西都关联在一起了，不是吗？一旦这些关联变得模糊，证实偏见就开始起作用了。我们不是开放地来对待各种可能的解释，而是迅速地把自己固定在自己认可的论点上。我们用自己期望的假说来诠释所观察到的现象，而没有审核这些现象在多大程度上同其他假说相融合。

一种现象越适合其他假说，它就越不能作为这种自己期望的假说的证明。专家称它为“虚假诊断”。人们自以为作出了一个正确诊断，实际上是错过了为一种现象或者一种关系提供另外一种解释的可能性。

由此，我们重新回到仙鹤的话题。出现这种关联的真实原因是一种被统计学家称为“共性因子”的东西。这是能够解释其他两种变量的第三种共同变量。比如，有两种可供选择的共同变量：国家面积和工业化程度。国家的面积越大，可供白鹤生存的面积就越大，同时，出生的婴儿也越多。或者说，工业化程度越高，可供白鹤生存的自然环境就越少，同时，人们生的孩子越少。从统计学的角度来看，这是一个老生常谈的话题。随着一个国家工业化程度和富裕程度的提高，人们会拥有越来越少的孩子。一个可能的原因是儿童的死亡率降低了，另一个原因是资本市场和养老保险体系的存在，使得人们越来越少地依靠孩子养老。

虽然关于仙鹤送子的这个解释是明白易懂的，但是我们还是不得不担心，在遇到不是这么人所共知的伪相关时会陷入证实偏见的陷阱。我们抓住一个观点，然后就越来越没有能力去检验、调整、修改甚至放弃它。其结果可能是错误的决定。让我们看一下报纸：

> 如果我们回顾一下过去几个月黄金价格的上升和美元的疲软，看起来正好是这种情况。这种直观感觉被一个统计研究所证实。这是环球透视受世界黄金协会的委托，根据 2002 — 2006 年的数据所作的研究报告。这份研究报告显示，在美元和黄金价格之间存在着一种负关联，关联系数为 -0.45。

这听起来似乎很有道理，因为这也是我们说过的关联关系，又叫关联系数。只是它是一个负值。-1 表示完全的反向关系：如果美元跌，黄金就涨。0 表示根本没有关系。-0.45 表示还是有可能存在某种关联关系。所以，我们形成了我们的命题：美元下跌，黄金上涨，然后就投资。我们花时间来研究这种关联关系了吗？为什么会是这样的呢？根据 5 年的统计数据足以提出一个假说吗？在这之前的年份的情况是怎么样的？有哪些反驳这种关联的理由？有什么样的论据认为这种关联会在未来的年份中消失得无影无踪？在这份报告里，世界黄金协会有什么样的利益？最好让我们来看看世界黄金协会自己是如何表述它的职能的：

> 世界黄金协会的任务就是提升和维护黄金的需求。该组织代表全球范围内处于领导地位的、约占黄金年产量 60% 的金矿企业。

更清楚地说，黄金总是和美元反方向发展的命题并不是肯定符合实际的，特别是并不是适合所有时代的。对于提出让人信服的论点来说，5 年是一个太短的时期。最最重要的是没有回答这个问题：相对于其他投资，在这段时间里，我们通过黄金能挣多少钱？

这些观点并不是要使你与黄金保持距离，不投资于黄金。它们只是要帮助你，批判性地、灵活地来思考这类问题，并学会更少地上证实偏见的当。许多研究成果表明，人类倾向于更看重符合自己立场的论据，因此，上面的观点就显得更重要了。如果我们已经投资了黄金，我们就希望黄金是一种可获利的东西，所以我们就会喜欢有利于黄金的论据，而忽视相反的论据。我们在第 1 章已经认识了这种机制：人类努力地寻求一致性，所以他们重视能证明他们意见的论据。

如同之前已经提到过的那样，一个人如果是德国基督教社会联盟的选民，那他就读《巴伐利亚信使报》，而不读《前进报》。这在金融市场上是要付出沉重的代价的。

如果我们从这种观点出发来观察证实偏见，那么就不禁会产生这种疑惑，即人类是希望绝对地相信什么东西的。我们会觉得，相信我们想要的东西比相信不想要的东西要容易得多。就如同我们宁可回忆愉快的事情一样，我们偏爱愉快的，而不是令人难受的解释。很显然，我们至少能在有限范围内排斥不愉快的假说，在不明确的数据中加入明确的解释，或者排挤令人不快的论据。通过这种途径，我们使自己对世界的主观认识同我们个人的意见相一致。由此，我们对世界的认识就有说服力了，尽管我们不得不为此在心理上对有的信息进行一些调整。

因此，我们必须学会既不对股市精神导师，也不对自己的先入之见过于相信。或者如同占星学家温弗里德·诺亚的网页所说的：

> 占星咨询不适用于代替专业、医学、心理学、精神病学、法律、税务、金融或者经济等方面的建议。咨询顾问对于咨询者对咨询建议的听从不负责任。用户和咨询顾问各自对自己的行为负责。诺亚占星不保证传授或者提供的信息的现实性、准确性、完整性或者质量。

这一切表述得很清楚了。当然，相比于英国智者所遭受的屈辱，这还不算什么。根据法律，英国智者、预言者或者算命者必须事先告诉他们的客户，他们的服务“只是出于消遣的目的”。

这意味着我们应该放弃所有的股市预测吗？不必要，但我们必须知道这些预测模型是怎么构造起来的，是如何起作用的。这样，我们也更能知道，什么时候它们不起作用。所以，让我们来问一下专家的意见。

趋势跟踪模型：通过后视镜推测前路

安德烈·绍尔不是被人们称为传统基金经理的那一类人。传统的基金经理会批判性地检视企业财务报表，努力挖掘国民经济的统计数据，思考企业的发展战略，研究市场关系，甚至询问企业管理层。然后，他们把所有这一切放到一起，构成最后的画面，并进行投资。

安德烈·绍尔不是这样的企业研究者，他是被投资界称为“Quants”的那种人。“Quants”是数量分析的简称。绍尔是经济工程学博士，20多年来一直在这个领域工作。他是科沃尼阿姆资产管理公司管委会成员。他看上去并不完全像那些整天同大量数据和公式打交道的人。数量投资组合管理用统计方法来分析和评估资本市场的关联关系，以便尽可能多地为预测提供各种信息。

资本市场的数量分析是一种投资哲学。人们通过它收集大量的数据，并且长期观察其发展。借助统计方法，数量分析研究所有可能的事件和因素对资本市场价格的影响，从以往的结果中提出预测。“重要的是，你要依据长期数据，以便排除偶然事件的影响。你在预测中只能考虑经济上有依据的关联关系。”绍尔以平缓的南德语调这样说道。这是关键之处：数量投资组合管理利用的是与传统基金经理在所谓的基本面分析中使用的几乎相同的数据信息。在第 1 章中，我们通过汉克已经认识了这种类型的股市分析家。

我们可以这样来看待数量分析。人们收集大量数据，然后把各种各样的数据放到一个拥有巨大硬盘和高速处理器的银光闪闪的机器里，并借助一个数学模型加工这些数据。在经过几个超越大部分普通人的数学能力的计算步骤后，在打乱的数学数据的基础上，得出一个建议。由于要加工处理大量的数据，人们又称安德烈·绍尔这样的数量分析家为“数据捣鼓者”，或者“数据吞食者”。

人们必须这样来设想这种资本市场预测模型，这就好像开汽车，通过挡风玻璃看不到多少外面的情况，只能通过后视镜来操控汽车。从原则上来说，这不是一个错误的想法。如果人们看不到前面的话，那就看后面。希望前面的道路正好或者至少类似于身后的道路。如果弯道不是非常大的话，通过看后视镜，人们甚至可以拐弯。否则的话，就只能根据感觉或者听觉来开车，这两者肯定不是什么好办法。

人们应该把什么样的数据放进这台闪光的预测机器里？关乎个人爱好和信念的问题。企业经营数据、股价的历史走势、汇率、利息、社会生产总值和舆论指标等所有数据都会以某种方式、在某个地方对大家产生某种影响。数量模型要描述的正是这些关系。数量分析与我们已经认识的技术分析和股市占星术的最大不同是，数量分析只局限于从经济学角度来看合理的、可以客观衡量的、证明确实对有价证券价格有影响的因素，也就是统计学上可以检验的关联关系。

由此可以避免仙鹤送子这样的伪关联。取一个尽可能长的时间序列，就可以把注意力集中在被长期证明的关联关系上。人们不想庆祝短期的业绩，也就是被行家称为“即日买卖”的业绩，那只是在正确的时机选择了恰当的事物。绍尔说：“即日买卖的决策是困难的、难以掌握的。”数学模型应该避开无系统性的预先设定和主观影响。投资决策应该客观地、基于固定的评估标准来进行。由此，人们就避开了最主要的错误根源：情绪化和易冲动的人。

应该如何评价这种方法呢？从根本上说，它无论如何总好过按照塔罗牌或者月光周期来投资。但它也存在一个缺陷：我们只能寄希望于过去会戴上未来的面具，重新从前门而入。换句话说，只要现状没有改变，这些模型就能够很好地预见未来。如果发生相反的情况，世界发生了根本性的改变，也就是被统计学家称为“结构断层”的现象，这些模型就很快失灵了。

我们可以这样设想：假设很多年以来，只要利息下降，股价就上涨，因为利息的下跌改善了融资条件。当利息又下降时，我们的模型就会预测，股价会如过去一样上升。可是，也许在此期间，总体经济气候发生了某些变化，上升的利息反而刺激了股价上涨（这也是可能的），由过去的经验得出的关联关系消失了。车已经撞到墙了，而我们在后视镜中看到的还是一条直道。糟糕的是，我们永远不会真正知道，什么时候会出现这样的结构断层。

在大部分情况下，我们是在事后，也就是汽车已经撞上墙时才能确定。2008 年的世界性金融危机就是一种结构断层，但我们始终不知道，金融时空统一体中的这个裂缝对我们的预测模型有什么样的影响。

所以，不管这些数量模型包括的时期有多长，不管在其背后支撑的经济理论有多么精湛，都无法预防这类不可预期的事件。这就是未来令人不快的地方，它的到来在大多数情况下是不可预期的。出于这个原因，也存在着这样的模型，根本不试图考虑长期发展方面的事，而是采集大量的数据，把它们同错综复杂的数学模型杂糅在一起，然后生成信号。这些信号告诉人们什么时候应该进入或者退出市场。

与上面描述的模型不同，在这里，人们在大多数情况下放弃了用经济理论来为买入或者卖出的决策继续辩解和说明，只是简单地考虑和观察是否存在一个统计学上的关联关系。这些模型的取向是相对短期的，它们试图跟踪资本市场的短期运动或趋势，因此被称为“趋势跟踪模型”。这类模型的目的在于及早地发现和确认下降或者上升的趋势，也就是说，什么时候股价会转向一个新方向。特殊的信号，比如移动平均线会给出基金经理进入或者退出市场的预兆。

如果你现在回忆起第 2 章中提到的股市占星学家乌韦·克劳斯，一定会产生一些疑问。让我们回忆一下：

> 精明的投资者：为什么星星会对股票、债券或者其他价格有影响呢？
>
> 克劳斯：这纯粹是一个经验的东西。人们观察它是否起作用。如果德国股票指数的星相对德国股票指数的预测在超过 50% 的情况下是正确的，并且这种情况一再出现的话，那么，这就是一个明显的提示：使用占星术是有意义的。

不客气地说，趋势跟踪模型与股市占星学相差不大，只是趋势跟踪模型采用更多的数据。它不是关注星座的位置，而是关注以某种方式与股价有着某种联系的经济数据。如果它起作用了，那就是起作用了，还需要理由吗？这是一个看法问题。只要这类模型能够给人们带来赢利，它的使用者就不关心模型的经济学基础。

在结束我们在统计学和预测技术领域的漫游之前，还有一个问题：我们能从中学到什么？

跳出证实偏见的“红圈”

最笨、最粘人的日活跃用户（DAU）是所有计算机专业人员的噩梦。这是指那些确实对电脑一窍不通的使用者。因为他们不会使用电脑，所以会时时刻刻来侵吞信息部门计算机专业人员的时间，折磨他们的神经。有时，为了能够使自己稍微轻松一点，计算机专业人员会在网络上（或者其他地方）聚会，来交换他们跟这些愚蠢和恼人的电脑用户打交道的可怕经历。比如在daujones.com 上就能找到一些有趣的经历和留言：

“你能给我装一个新的网络吗？我的网络只有一页……”

“请把 DVD 倒放回去！”

“你有 DSL 吗？”“有，在厨房。”

“我的 iMac 打不开。”“当您摁下启动键的时候它没有任何反应吗？”“什么启动键？它根本就没有启动键。”

“你们清理烤面包机吗？”“如果面包机链接在网络上的话。”“那我去看看。”

“我的电脑不工作了。”“有报错信息吗？在您的屏幕上有什么显示？”“一个咖啡杯。”

“计算机忘记了我的密码！”

电脑管理员、IT 专业人员或者工作人员在热线或者救助平台上能够讲述太多的此类经历，这些经历包含着一个同样的信息：“带着工具的傻瓜还是一个傻瓜。”或者用德语谚语表述就是：“人们可以给一头驴穿上夹克、戴上帽子，但它还是一头驴。”统计学或者统计模型就类似于工具。如果能够很好地使用它，就能够从中获利；如果不会使用它，就不能从中受益，因为带着工具的傻瓜还是一个傻瓜。

统计和统计学、数据和图表是很有帮助且有价值的工具，但它们在对其一窍不通的使用者手中就会变成错误的航标，正如功能很强的电脑在愚蠢的使用者手中就会导致上述种种现象。只不过错误投资比错误使用电脑造成的损失更大。以图形开始：动感的箭头符号、笔直延伸的数轴以及任意选择的时间横轴。我们的眼睛比大脑更容易受到欺骗。不过，人们没有觉察到，我们的头脑有时也会受骗。比如投资公司乐意做广告的排行榜。它们看起来很不错，与之相联系的战略听起来也很符合逻辑：一个在这样一个排行榜中名列前茅的产品肯定是不错的，不是吗？

在这里，我们必须注意，不要陷入小数定律谬误。统计的事实不是从少数几个数据点推断出来的。如果根据某个产品 3 年来都在排行榜前列就认为这个产品是非常优秀的，那就是低估了偶然性的力量，而高估了这类零星数据的说服力。为什么基金公司只告诉我们过去 3 年的价值成长呢？为什么不是 5 年或 10 年的呢？估计是因为在 5 年或者 10 年的时间里，它们的业绩就不这么耀眼了。它们相信，客户会把少数业绩表现出色的年份看作所有年份业绩表现的佐证。其实，这些广告是依赖小数定律的。

还有一些应该针对这类排行榜提出的问题。什么是可以用来比较价值发展的正确标准？产品的提供者给出了正确的比较标准吗？可比较的产品都取得了怎样的业绩？有多少这类产品已经被清盘，而没有出现在统计数据之中？每个产品提供者损失了多少收益？一旦人们想起产品提供者是用统计数据招揽客户，就会明白，应该亲自来收集数据。至少在此期间，立法机构从法律层面确立了这个准则。欧洲议会的一个指导方针中明确规定了：“证券公司向客户或者潜在客户提供的所有信息，包括市场营销的消息……都必须是诚实可靠的、清晰的和不误导人的。”

然而，即使人们关心数据，还是需要不断地防范证实偏见。我们有可能不是中立地、客观地，而是带有偏见地收集、选择和诠释关于某个项目的信息。如果我们认为某个产品是好的，那么就存在着调查和收集信息只是加深了这种印象的危险。也许这并非我们的本意，但我们总认为自己作的调查是充分的和客观的。这种错误的后果就是，我们学得很少，并且很难改变自己的观点，而第一印象决定了以后所有的东西。

这里显示了广告的魅力。它的任务不是用信息说服我们，而只是给所涉及的产品制造一个良好的第一印象，剩下的我们自己就会做了。这说明了为什么投资公司都很乐意用知名人士做广告。著名的足球运动员、影星、豪门新贵或者一个在热带丛林的营地里把令人恶心的小动物倾倒在自己头上的人等知名人士都比较适合做广告。东德的演员、犯罪现场的探长、大众情人曼弗雷德·克鲁科是所有股票广告中的知名人士的祖宗。

1998 年，他在一个商业广告短片中为德国电信做了一次广告。从此以后，德国电信业绩辉煌，至少从股票销售方面来说是这样的（1984—2001 年，曼弗雷德·克鲁科在德国连续剧《犯罪现场》中扮演探长，深受德国大众喜爱。他为德国电信做的广告影响很大。后来德国电信股票的暴跌使曼弗雷德·克鲁科的声誉严重受损，他不得不多次在访谈中向因购买德国电信股票而遭受损失的股民道歉。——译者注）。其他资本市场广告的帮手是迪特·伯伦（德国著名音乐人，最大的强项是身兼数职：词曲创作、歌手、制作人、作家、选秀节目评委、八卦娱乐的主角。——译者注）的前女友、做菠菜广告的维罗娜·费德布苏和知名主持人托马斯·戈特沙克，当然还有前世界足球先生、体育评论员和不愿理发的君特·内策。

为什么投资公司要请知名人士做广告呢？年轻的家庭、可爱的动物、五光十色的颜色或者有活力的图案肯定会更便宜一些，但估计不能产生这样显著的效果。没有人会相信，费德布苏女士是一个股市专家，但其实她不一定非要是专家。虽然戈特沙克做了邮政股票的广告，但他也直截了当地承认："如果有人相信我投资股票的能力，那我就是做错了什么事。"既然如此，为什么还要选戈特沙克呢？

如果我们考虑一下证实偏见，这个问题就迎刃而解了。通过广告，戈特沙克将正面的公众形象传达到股票上。是否应该购买这只股票呢？这只股票让我们首先想起的是托马斯·戈特沙克，那个和蔼可亲的、有趣的和有魅力的主持人。这立即成为我们对这只股票的第一印象。现在，我们开始收集关于这只股票的信息。此时，就存在在潜意识中带着对戈特沙克的正面的第一印象去作调查研究，并且从这种正面的第一印象的角度去诠释所有相关信息的危险。这就是证实偏见。最后我们会购买一只股票，不是因为我们认为这只股票不错，而是因为我们觉得这个男士很可爱。这位男士收了钱，用可爱的微笑向我们推荐这只股票。

我们再举一个买车的例子。你偏爱某个特定的汽车品牌。现在，你要买一辆新车。你应该更换品牌吗？因为你已经偏爱某种特定品牌，要更换是很困难的。证实偏见会促使你带着已有观点来解释这个或者那个品牌的所有信息，而这会让你很难转到另一个品牌并让你愿意为新汽车支付比更换品牌的人多得多的货币。市场营销研究人员非常关注这个问题，对此进行了研究。谁愿意为他的汽车支付更多的货币？是品牌忠诚者，还是更换了品牌的新客户？毫无疑问，一个对 3 000 份新车购买合同的评估表明，品牌更换者为他们的新车支付了较少的货币。

忠于别克品牌的老客户比第一次购买别克车的客户平均多支付约 1 000 美元。就奔驰而言，老客户为他的品牌忠诚度甚至要多支付大约 7 500 美元。我们愿意为自己的汽车多付钱，因为我们相信它值这个钱。可见，证实偏见的代价是很高的。

针对这种证实偏见，我们能做点什么呢？如果回忆一下这种偏见的后果，也许就知道怎么做了。有一个实验：给参与者看一系列几何图形，请他们猜测这一系列图形有什么共同点，它们是根据什么规则组成的。在第一轮的猜测之后，他们形成了这样一种假设，即它们的共同点是红圈。接着，他们还必须猜测，蓝圈是否也与其有共同点。如果不这么做，他们就不能发现构成图形的共同规则不是“所有红圈”，而是“所有圈”。一旦他们形成了“红圈”这个假设，他们就不再去寻找其他可能的假设，所以就可能猜错。这是典型的证实偏见。

类似这样的实验展示给我们的不只是证实偏见的后果，也给我们指出了逃离这座监牢的出路。为了避免过早地把自己固定在某个想法上，我们必须强迫自己从相反的立场考虑问题。也就是说，要询问蓝圈的情况，即使我们认为这是错误的。即使证明结果是错的，蓝圈不属于构成规则至少也算是一个信息。所以，如果我们是通过戈特沙克先生认识邮政股票的，那么就要防止过于正面评估这只股票。我们必须有针对性地提问，是否有什么相反的论据。我们必须积极地探寻质疑我们立场的论据。当然，这并不是一种轻松的练习。

当然，更难的是面对和战胜自己的偏见。我们在一个具有非凡生活的人那里看到了这些弱点。

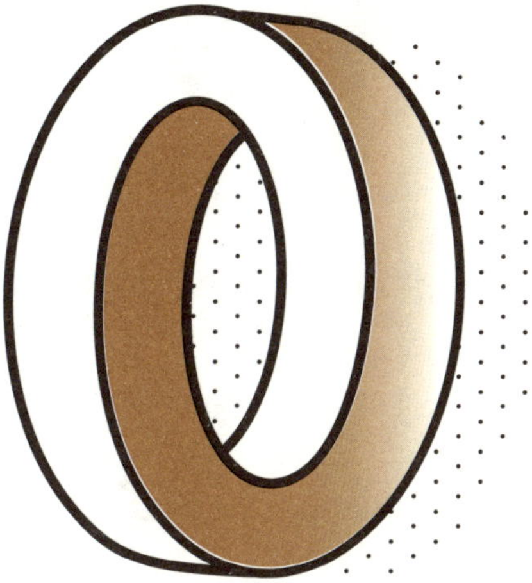

GELD DENKT NICHT

第 10 章　三条铁律

尽早投资、长期投资、分散投资

一位最富有的巴西家族的继承人，以极尽奢靡的方式将巨额财富挥霍一空，在人生最后 20 年里只能贫困度日。人们如何避免“人未死，钱已光”的悲剧上演？

哈里・马科维茨提出“分散化投资组合”的投资策略，并因此获得了诺贝尔经济学奖，但他自己投资时根本不遵循这套办法。难道这位伟大学者在骗人？

巴西富豪的失算：人还在，钱没了

> 乔治·贵诺是巴西最富有的家族的一位继承人，他拥有一笔巨额财富。他花天酒地、挥金如土，同玛丽莲·梦露、丽塔·海华斯、简·曼斯菲尔德和安妮塔·艾克伯格都传出绯闻。很快，他就以这种极尽奢靡的方式将财富挥霍一空。在他人生的最后20年里，他的生活非常简朴，只能勉强度日。他的结论是："幸福生活的秘诀就是在死的时候身上不留分文，但我计算错了。"
>
> 贵诺计算错了，但他死的方式与他活的方式一样精彩。在生命的最后时刻，他离开了接受治疗的医院，最后一次在曾经属于他们家族的科帕卡巴娜皇宫酒店订了一个房间，享用了一顿奢侈的午餐，然后带着闪亮的泪光优雅地死去。

同这位富翁继承人一样，很多德国人也计算错了。如果我们看一下《德国养老地图》，会发现他们失算了，特别是北部和东部的德国人。到了老年，他们的退休金远远低于其期望的水平，难以维持生活。借助这张地图，可以形象地展示这种情况。在一张德国地图上，用颜色标出了各州期望得到的养老金。蓝色表示丰厚的老年生活，红色表示面临老年贫困。观看这张地图会给人带来不快，因为大部分地区是红色及深红色。

东部地区是深红色的。在广大的东部地区，德国人从法定养老保险中可以得到的养老金平均值不到 820 欧元。只有在柏林、德累斯顿和梅克伦堡（前波美拉尼亚州），退休人员才可以获得将近 1 000 欧元的养老金。石勒苏益格 – 荷尔斯泰因州大部分地区以及下萨克森州部分地区的情况略好于东部。只有在德国南部地区的养老金才不会让人感到担忧。

弗莱堡大学养老研究中心的贝尔恩德·拉菲尔赫森教授说：“对联邦德国的大部分地区来说，仅仅是法定养老保险不足以维持老年的生活水平。”他制作了《德国养老地图》。贝尔恩德·拉菲尔赫森说的“足以”是指养老金达到最后毛收入的 60%，而仅靠法定养老金几乎不可能达到这个水平。拉菲尔赫森教授指出：“现在，借助附加的私人养老保险，56% 的在职德国人的养老金至少能够达到他们最后毛收入的 60%。”需要补充的是，只有 56%。反过来说，有 44% 的德国人在老年时会遭遇很大的经济问题。他们的积蓄太少了。

坦率地说，这并不是什么新认识。在对法定养老金的期望方面，大部分德国人是相当现实的。他们知道，自己不能对这个体系抱很大期望：支付很多，回报很少。前联邦劳动和社会秩序部部长诺贝特·布吕姆贴在海报墙上的名言“养老金是有保障的”，在今天被人倍加嘲讽。比如，布吕姆先生是说养老金肯定会有，但没说有多少。不要再自欺欺人了，我们必须关心自己的养老金问题，但实际上很多人却一直没有这样做。

这的确是一个值得人们注意的现象，它远远超出了单纯的养老金问题：人们想要长期正确的东西，但却在做短期错误的事情。我们知道，应该为自己的晚年储蓄，但我们总是不断地拖延。类似的情况也出现在我们对待一些不良习惯时，如吸烟或者暴饮暴食。我们知道，长期吸烟或者暴饮暴食对身体不好，却总是一再推迟戒烟或节食。我们为了短期的诱惑，而牺牲了长期的幸福。要知道，健康可是晚年最丰厚的养老金。

经济学家称这种现象为“时间上的矛盾态度”。从长期来看，我们想要一些不同于我们短期在做的东西。我们屈服于香烟或者食物的诱惑，违背了自己的长期利益。对健康身体的长期期望促使我们发誓戒掉香烟或者油腻食品，可是，当要将这个决定付诸实施时，我们又改变了主意。我们在 12 月还坚定地用长期健康替代短期享受，而到了 1 月，我们就又倾向于短期享受了。

从经济学的角度来看，时间是相对的。被我们认为是长期的东西，我们就会在短期里忽视它。所以，赞同或者反对一种行为取决于我们有什么样的时间视野。如果放弃吸烟是很久以后的事，那对我们来说就很容易。如果直面“现在吸烟还是为健康着想”这个问题，我们的决定就经常会违背长期利益。

“时间上的矛盾态度”可以通过简单的实验验证。人们让参与者选择是在 30 天内得到 100 欧元，还是在 31 天内得到 105 欧元。大部分人愿意为了额外的 5 欧元再等 1 天。现在，人们向参与者提出第二个问题：他们想要今天的 100 欧元还是明天的 105 欧元？现在，很多参与者倾向于要今天的 100 欧元。这是不符合逻辑的。如果一个人在 30 天后愿意为 5 欧元再多等一天的话，他也应该在今天愿意为了 5 欧元多等一天。可是，这正是人们不愿做的。

如果把这个实验延伸到储蓄上，那就是，我们实际上是愿意为了退休储蓄的。如果这是遥远的事情，那么我们愿意多等 1 天，或者更确切地说，愿意多储蓄一些，以便在 1 天后获得更高的收益。但如果让我们现在发誓要积蓄货币，不过必须等待 1 天以获得更多货币，我们就会退缩。我们宁可立即就把钱花掉，而不关心晚年生活。同样的道理，原则上我们已经准备放弃种种不良嗜好，但真到了必须放弃时，我们又会拖延不办。结果，我们没有戒烟，没有节食，没有好好准备考试，没有关心晚年生活。

退休金计划拖延得越久，情况就越糟。一个小小的计算就可以清楚地说明这一点。为此，你可以使用一个投资计算器。输入储蓄金额、日期和利率，然后就知道储蓄会带来什么样的硕果。

比如每月 100 欧元，存 10 年，不考虑利息就是 12 000 欧元。如果 100 欧元只按 3% 计息，就会有将近 14 000 欧元，其中 2 000 欧元是利息。如果我们储蓄同样的金额 30 年，不考虑利息就是 36 000 欧元，以 3% 计息，就是 58 000 欧元。如果把利率提高到 5%，那么，我们就有 82 000 欧元。

这个例子说明了两点：

第一点，尽早储蓄和连续储蓄是多么重要。储蓄时间越长，复利效应发挥作用的时间越长。如果人们在第 1 年存入 1 欧元，在下一年就可以得到这 1 欧元的利息。在下下一年，这 1 欧元和积累下来的利息又会带来利息，如此循环下去。你可以从上面的例子中看到结果。

第二点，利率的高低对未来的养老金的多少有着决定性影响。利率越高，你的退休生活就会越舒适。出于这个原因，尽早开始储蓄就显得非常重要，因为你越早开始储蓄，你就能够越多地在高回报的投资类型如股票上投资。尽管风险高一些，但如果你有足够的时间坐等股票市场的股价在波动中上涨的话，你就能够承受风险高一些的投资。如果你在 25 岁就开始在股市投资，当你 65 岁的时候，这只股票获利的概率就很大了。

如同已经看到的那样，问题在于我们很难开始养老保险方面的行动。虽然我们很想储蓄，但真要行动的时候，就失去了勇气和决心。好了，这个结论已经够让人沮丧了。我们对此能够采取点什么措施吗？让我们问一下有史以来最著名的航海家。

在意志坚定时锁上冰箱，然后把钥匙扔掉

奥德修斯是希腊著名的航海家，他的回家之路充满了艰辛、奇遇和危险。此外，还有女妖塞壬窥视着他和他的伙伴。她们的歌声是如此美妙，以至于能使每个航海者失去理智。很多航海者跟随塞壬前往她们的岛，最后航船都触礁沉没。奥德修斯事先得到了警告，但他还是对她们的歌声非常好奇。所以，他让水手用蜡封住耳朵，并且把自己绑在船的桅杆上。他命令伙伴，无论如何也不能给他松绑。当他们在塞壬身旁驶过的时候，奥德修斯想要挣脱束缚，他命令水手将他解开。可是，水手们什么也听不见，继续向前行驶，安全地从塞壬旁边经过。奥德修斯机智地战胜了塞壬。

奥德修斯自缚于船桅战胜塞壬的诱惑的故事，不仅是希腊文献，也是很多经济学著作的经典案例。人们把它称为“自我约束”。这个案例简单而有力。我知道在未来会出现危机，所以我现在就事先准备以避免这个危机。奥德修斯知道，当他听到塞壬天籁般的歌声时，他将无法抵挡，所以在听到塞壬的歌声前，他就采取了措施，阻止自己成为歌声的牺牲品。

把这个故事引申到养老保险上，那就意味着，如果我们知道为了晚年而储蓄有困难，我们就必须采取相应的对策。一个很好的例子是在美国圣诞俱乐部的案例。圣诞俱乐部为防止它的会员把购买圣诞礼物的钱花到别的事情上，让会员在每年初就把一定金额的钱转到俱乐部的账户上。这些钱一直存在那里，直到圣诞节前，会员才收回这些钱，并用来购买圣诞礼物。从经济学的角度来看，这没有什么意义。如果人们想为圣诞礼物攒钱，他可以把钱存到银行，当他取钱时还可以获得利息。圣诞俱乐部不支付利息，但它的好处在于，在约定的时间到来前，人们不

能提取这些钱，由此确保了人们不能提取储存的钱，将其用到别的地方。这就是“自我约束”。

自我约束的技巧就是在意志坚强的时刻把冰箱锁了，然后把钥匙扔掉。这样可以阻止想节食的人偷偷地从冰箱里觅食，中断节食计划。养老保险的情况也类似。人们把养老的钱“锁起来”，直到他达到法定年龄时才能取出来。否则，人们就有可能在此之前就把养老金挥霍掉。很多国家的养老保险体系就是这样起作用的，比如李斯特养老金直到达到退休年龄才能领取。

我们也可以把养老金“注入水泥”，通过投资房地产来自我约束。当然，如果按照现代资产组合理论，把所有资产都放到一种资产对象上（比如房产）是不理智的，这样做的风险很大而且房产缺乏流动性。当人们面临困境需要用钱时，房产很难变现，特别是不能部分变现。比如，你就不能把房顶卖了来偿还债务。不过，由于房子很难迅速卖掉，如果将其作为储蓄的对象，对意志薄弱的人来说很有吸引力。如果有人以房产的方式来储蓄，他就不再能够轻易动用储蓄，因为现在一切都绑在水泥里了。**人们通过这种无法花费的投资，来抵御提早动用为晚年而储蓄的资金的诱惑。**

我们还可以进一步扩展这种为了养老金的特殊投资方式，通过另外一个心理学的方法来加强储蓄的愿望。你还记得心理账户吗？还记得达斯汀·霍夫曼和他的大口瓶吗？为了能够保持对各项财务事宜的概览，人们设立了各种各样的、具有特殊用途的心理账户。我们在头脑中设置大口瓶，并标上钱的用途。我们可以利用这种心理账户，来加强养老储蓄的纪律性。

这个方法很简单。设立各种以强调储蓄为目的的特殊账户，如“教育账户”“汽车储蓄账户”和“养老金账户”等。此外，这些账户都预先设定提早取款的罚款条例。这个方法有很多优点，特别是账户的命名加强了储蓄者的储蓄愿望。还记得达斯汀·霍夫曼不能把钱用于与大口瓶标签不一样的目的吗？在这里，我们正是要利用这种方法。通过明确“教育账户”或“养老金账户”，人们提高了储蓄者想要动用这些钱用于其他支出的心理阈值。

得到更多养老金的另外一个聪明的办法就是自动驾驶仪。人们利用意志力强的时刻来克服弱点，这种自动驾驶仪就是储蓄计划。人们签署一份协议，规定每月定期存入固定金额。然后，人们最好很快就忘记这份协议。人们越早忘记每月顺便储蓄了一些欧元就越好。这样一来，几乎在不经意中就顺带建立了一个固定的养老保险。

人们还可以指定，一次性确定的支付，比如圣诞节奖金，自动归到这个养老金账户上。如果人们建立了这种自动机制，他就很可能躲过塞壬女妖的呼唤。这一方面是由于习惯的力量。储蓄计划一旦建立，就会被强制运转，人们不会再对此考虑很多。另一方面，心理账户也有助于我们不去染指养老金，从而加强储蓄自律。

通过在今天让人们允诺明天更多地储蓄，可以进一步加强这种效应。这是经济学家理查德·泰勒和什洛莫·贝纳茨冥思苦想出来的方案。在“明天储蓄更多”的方案中，他们让就业人员允诺，将他们未来提高的一部分工资储蓄起来。也就是说，如果你的工资在下一年提高了，就把涨薪的一部分放到养老保险里。今天放弃未来涨薪的一部分，比明天放弃较高的工资要容易一些。这是同 30 天得到 100 欧元或者 31 天得到 105 欧元的实验相一致的。这个规划的结果是，大约 78% 的就业人员参加了这个规划，80% 的参加者在 3 年后仍然忠于这个规划。结果，超过 28 个月的平均储蓄率从 3.5% 提高到 11.6%。小技巧大收获。

通过一个简单的技巧，国家也可以鼓励我们更多地参与养老保险。你还记得框架效应吗？我们觉得“80% 瘦肉”的表述比“20% 肥肉”的表述更吸引人。尽管这两种表述的内容都是一样的，但仅仅表达方式不一样就造成了不同结果，并且影响人们的行为。现在我们把框架效应和现状偏见相结合，情况会怎样呢？很简单，你可以设想，你得到一份新工作，需要在人事部门敲定工作合同的细节。这时，出现了一个问题：你愿意要一项企业养老保险吗？

如果你现在回忆框架效应，你知道，提问题的方式不同会产生不同的效果。这里有两种可能：一种可能是“选择加入”。你必须非常主动地表示，你想要一份企业养老保险。另一种可能是“选择退出”。参加企业养老保险是一种标准的做法，如果你不想参加，你必须明确地说，你不愿意参加企业养老保险。

从经济学的角度来看，这两个问题是一样的。不过，从框架效应来看就不同了。现在再加上现状偏见。我们希望保持现状，并且愿意抓住到手的东西。其结果是，如果人们把企业养老保险表述为“选择退出”，即你必须主动决定不参加，那么参加企业养老保险的人数就会上升，参加者的数量要比表述为“选择加入”的情况大。

以上是一些相当简单的、让自己在养老保险方面更具有约束性的诀窍。这是为了不在《德国养老地图》的红色区域生活迈出的第一步。为了避免红色区域，仅仅是预先关心晚年生活并进行投资还远远不够，还必须进行正确的投资。我们应该避免以什么方式投资呢？对此问题的回答听起来有些怪异：性爱前不打针。

谁会在性爱前给自己一针呢？

这是一个多少让人有点尴尬的话题。“谁会在每次性爱的时候给自己最好的、独一无二的部位来一针呢？!”劳拉这样问道。一个合理的问题，但它不是出现在情色博览会或医药大会上，而是出现在在线投资者社区“华尔街在线”的聊天室里。在那里，投资者劳拉和网友“叮呤”“对冲”和“诺坎”讨论的不是色情问题，而是一只股票，即医药公司赛内提克的股票。

赛内提克公司制造的是一种治疗性功能障碍的药物。与服用蓝色药片不同，这种药物必须在性爱前进行海绵体注射。男人觉得这种方法好吗？不管怎样，投资这只股票的人估计越来越少，因为赛内提克公司的股票没有给股民带来财富。

海科·希姆就曾是赛内提克公司的一个股民。如果说海科·希姆是个两极化的人物，一点都没有侮辱他的意思。他被认为是能言善辩的演说家和报告人，被视为优秀的股评作者，曾多年担任一家最知名报纸的股市专栏作家。同时，一家德国经济杂志非常幽默地将他收录于基金行业最大的“毁钱人”耻辱榜中。海科·希姆在纽约第51街和第三大道交界处的办公室里，放着专业杂志《共同基金》颁发的两个奖杯：一个是“1995年最差基金管理人”，另一个是“1997年最佳基金管理人”。“我不为我的过去感到羞愧。”希姆这样说道。他的成功和失败在时间上是如此接近。

赛内提克公司可能就是海科·希姆业绩大幅波动的原因。据报道，希姆把大部分资金投在两只股票上，其中一只就是赛内提克。如果这些报道属实，那么最佳和最差基金管理人的奖项问题很快就能得到解释了。如果有人将资金全部投入了一只年度增长为100%的股票，他就会成为年度最佳基金经理人。

但在次年这只股票的价值下跌90%，那么他就会损失90%的资产，这足以将其收录于“毁钱人”耻辱榜中。成功和失败都是归因于投资在唯一的一只股票上。这正是我们在这里要探讨的问题。这涉及如何对待金融市场的风险问题，也涉及风险可能大于想象的问题，还涉及是否已经为这样的风险做好了准备的问题。

投资者应具备的最重要的智慧就是，不要把所有鸡蛋放在一个篮子里。用专业术语说就是要“分散化”，就是永远不要孤注一掷。如果有人把资产全部押在一件物体、一只股票或者一匹马上，那么他要么变得富有，要么变得赤贫。不管怎样，他都不会睡得安稳。结果可能会是戏剧性的。还记得第 1 章中提到的基金经理亚历山大吗？他把资金投到他为客户选择的相同的投资项目中去。

从客户的角度来看，这一举动是深受欢迎的，因为他的行为保证了自己会特别细心认真地关心客户的投资，毕竟他自己的资金也在里面。但根据风险理论，亚历山大犯了一个很大的错误：当好运离开他，他变成了“毁钱人”时，他会被客户抛弃。他的职业生涯以及收入状况会恶化。同时，因为他和客户一样，投资同样的有价证券，他也失去了自己的资产。亚历山大的状况恰恰是风险管理经理最担心的。他们给这种状况起了一个相当形象的名字：叠加风险。

美国安然公司的前员工也遭遇了这种叠加风险。很多员工将大部分养老金投资于他们的雇主安然公司的股票。当安然由于巨大的财务丑闻倒闭时，这些员工失去的不仅是工作，还失去了养老金，因为他们的股票变得一文不值。

要逃脱这种叠加风险陷阱还是很容易的。人们只需要分散资金。这听起来很有道理，关键问题是人们应该如何分散资金呢？大约 2 000 年前，犹太民族有一个简单的法则：三分之一装在钱包里，三分之一投资于房产中，剩下的三分之一用于经营生意。这个法则也可以翻译成：三分之一保持现金方式，三分之一投资于不动产，三分之一投资于股票。这听起来相当简单，对于像现代资本市场研究这样既复杂又热衷于数据的学科来说，真是太简单了。

一种分散化投资组合的投资策略就是马科维茨投资组合，也就是能在风险最小化的同时实现收益率最大化。这让哈里·马科维茨和默顿·米勒一起获得了诺贝尔经济学奖。这个理念大致可以描述为，通过单个资产的巧妙组合，某种投资组合的整体收益率，而不增加投资风险。其诀窍在于，以一种巧妙的比例来混合不同的投资。除了风险和收益率之外，这些投资类型之间的相互联系是决定性的因素。这一点我们在前面已经提到了。我们可以通过比较两个数列的值来计算关联关系。如果第一组数列的值（投资 A 的价值变化）很高，而且相关的第二组数列的值（投资 B 的价值变化）也很高的话，这就是一个正相关关系。

借助收益率、风险和关联关系，可以计算出一种有效的投资组合：在风险既定的情况下获得最佳收益率，或者在收益率既定的情况下将风险降至最低。

这听起来比较复杂，它也确实有些复杂。在互联网上，人们可以找到所谓的投资组合优化软件。借助这种软件，人们可以计算出有效的投资组合。但这不适合那些匆忙的投资者或者股市新手。还有其他选择吗？很难说。我们知道通常人们是怎么做的，他们不是借助复杂的公式来计算有效的投资组合，而是使生活简单化，正如哈里·马科维茨那样。

1/n 投资法

哈里·马科维茨以他的有效投资组合理念成为现代投资组合理论的先驱。他的思想为以后无数研究奠定了基石，也是整个财富管理行业的核心要素之一。金融行业中很大一部分人就是在不断地寻找有效的投资组合，并由此获得相当高的酬劳。

哈里·马科维茨做了一个令人尴尬的表白，使这个行业倍感难堪：他把自己 50% 的资产投资于股票，另外的 50% 投资用于债券。他这样做是出于心理原因，因为他想使自己未来可能的担忧最小化。也就是说哈里·马科维茨并没有使用马科维茨投资组合。

哎哟，这真是令人痛心！一个伟大的学者为了优化投资组合中股票和债券以及各种组成部分的权重，编制出了一个完美的数学模型。但他自己根本不遵循这套办法，而是使用一个简便的不准确的法则：对半配置。也许你会觉得这个主意似曾相识，因为它很类似于那个 2 000 年前的古老法则：三分之一装在钱包里，三分之一投资于房产中，剩下的三分之一用于经营生意。

人们也称这种投资方式为启发法，准确地说，这是 1/n 启发法，也就是“1 除以 n”的启发法。启发法是对复杂问题的一种简单回答，使生活变得更简单。我们讲的这个特例是 1/n 启发法，因为资金是被平均地分配在 n 个现有的投资项目上。对于特别复杂的问题，该如何将资金分配在不同的资产种类上？人们不是通过复杂的数学模型，而是采用一个简单却不准确的法则去解决：将资金以同样的比例投在各种资产类别上。

按照启发法来分配资金的另外一种简单的办法是，按照企业所属国家的国民生产总值来决定投资中的股票权重。假定投资于来自不同国家的三家企业，就按照每个国家的国民生产总值的比重来分配投资比例。比如，如果 A 企业来自国民生产总值为 100 的 A 国，B 企业来自国民生产总值为 200 的 B 国，C 企业来自国民生产总值为 300 的 C 国，各国加总的国民生产总值为 600。C 股票在投资组合中的比例即为 50%，即 300 除以 600；B 股票的比例为 33%，即 200 除以 600；A 股票的比例为 16%，即 100 除以 600。另外一种被人们称为启发法的简单的分散化模式是：按照将要投资的企业的市场资本总额，即股市市值来分配投资权重。这与投资于股市指数没有什么区别，因为股市指数的成员资格大多取决于企业的股市市值。

这种简单的分散化模式到底怎么样呢？这个法则对于投资资本市场

这样复杂的业务是否太简单了呢？因为复杂的模型试图更多地描述现实状况，它们是不是会更好呢？

好吧，坦率地说，还没有最后的结论。然而，初步的研究结果表明，与精心研制的投资优化规则相比，简单的分散化规则没有明显的不足。一方面，这可能是因为只有当人们正确地估算未来的回报和风险时，优化规则才能够发挥作用，而不可避免的估算错误则会影响这种模式的结果。另一方面，简单的分散化规则还有成本优势，因为人们不需要频繁地在各种不同的资产之间重新组合，也就是说，简单的分散化规则要比经常买进和卖出的复杂模式更便宜。

谨慎一点的表述是，到目前为止，大量的研究报告仍然不能提供足够的证据来证明，相对于它所取得的成效，投资组合优化模式所要求的大量的理论、经验和计算技术的投入是合理的和有根据的。至少同单纯分散化的简单程式相比是这样。这并不是说，投资组合优化模式在财富管理行业已经过时了，但这个行业至少应该给自己提出这样的要求，即把那些简便的不准确的法则的投资结果作为基准，并超越它们。

总的来说，一个不片面分配的投资组合是多元化利润的主要推动器。也许对于这些利润来说，人们以什么模式达到这种多元化一点都不重要，重要的是多元化了。但我们要问问海科·希姆自己是如何看待“分散化”这个问题的：

> 你永远都不要把超过 5% 的资金投入一只股票，并且，在你的投资组合中至少应该有 20 个不同的项目。不要将资金投在一个行业，而应该至少投在 4 个不同的行业。

正是这样。剩下需要补充的问题就是，在同一种投资组合中，什么东西是进一步的利润推动器？某位先生的儿子提供了这个问题的答案。正是由于这位先生是个自以为是的人，他才没有被轰炸机炸死。

资本市场是纯粹的混沌世界

> 第二次世界大战期间，本华·曼德勃罗的父亲被抓进纳粹监狱。抵抗组织的战士解放了这座监狱，并告知囚徒，他们应该在德军回击之前赶紧逃跑。囚徒上了路，成群结队地奔跑在开阔地上。逃了半公里之后，老曼德勃罗觉得这是不明智的，决定离开大队人马，自己挣扎着穿过茂密的树林逃回家中。他真是幸运。一架德国的轰炸机俯冲袭击了其余的逃亡者，造成大量伤亡，而老曼德勃罗则成功地逃脱了。“这就是我父亲一生的特点：独立。我也正是这样。”本华·曼德勃罗这样谈论他的父亲。

事实上，至少是在科学方面，本华·曼德勃罗有真正独立的灵魂，如盎格鲁－撒克逊人说的那样，他是一头野牛。他的认识是革命性的，改变了整个世界。他教会了我们很多关于资本市场运作的知识。

曼德勃罗研究的学科和他的发现就是著名的“分形几何学”。简单地说，分形对象是由它们自身很多缩小了的复制品组成的，所以它们在细节方面是自我重复的。分形对象可以是自然的产物，如树木、云彩和海岸线等。一个树枝看起来就大致如一棵缩小了的树木。一种分形集的表现，即所谓的“曼德勃罗集”，是著名的白底上的黑色苹果小矮人。这种分形集和其他五彩缤纷的分形图发展成了一种梦幻般的流行图标类型。

如果不去深入研究曼德勃罗理论的细节，我们可以说，他的研究成果是对金融市场上的传统理论的正面进攻，正如人们对一个毕生逆主流理论而动的人所能期待的那样。

曼德勃罗的分形几何描绘了一个与我们熟悉的资本市场完全不同的图像：平静的、一切都在有序的轨道上运行的混乱系统，被混乱事件和股价爆发所打断。在曼德勃罗的世界里，资本市场是混沌、无序、不确定和大量的统计怪物的中心，是纯粹的混沌世界。

传统金融市场理论的代表人物相信，金融市场是一个受正态分布法则制约的世界。股市尽管存在极端的股价波动，但很少发生。有些统计上的奇特现象，与其说是现实的威胁，不如说是理论上的怪人秀。大多数股价波动在我们觉得“正常”的范围内。正如同我们在投掷硬币时所期待的那样，头像和数字出现的次数在长时间里会保持均衡。传统理论相信，从长期来看，金融市场上也会出现一个类似的、统计学的正态状态，即有很多小幅度的股价波动，以及很少的大的股价波动。这样看来，资本市场的情况是相当正常的，这使得它更加可预测。

曼德勃罗对资本市场的看法有所不同。按照他的理解，市场充满涡流，它们的运动不是正态分布的，而是混乱的和不可预测的。如果这种假设是正确的，那么金融市场就比常规理论认为的更具风险，而对这种狂暴的、没有约束的波动进行预测或多或少是不可能的。

曼德勃罗认为，资本市场存在比我们认为的多得多的风险。事实上，以往的数据也证实了他的看法。在很多事件中，价格波动比我们在统计学的正态分布下可期待的、典型的、小的和平均的价格变动要大 10 倍。如果像传统理论假设的那样，这种价格变动是正态分布的，那么这种事件出现的概率是几百万分之一，实际上是永远不会出现的。但我们却发现了诸如 1987 年的股市崩盘事件。它的价格波动甚至不止 10 倍，而是大于平均价格波动的 20 倍。我们还发现了太多的类似事件。仅仅在 21 世纪的头十年，就存在网络泡沫、房地产危机和欧元危机三大事件。按照传统观点，它们的出现即使不是绝对不可能，也是不太可能的，可是它们却发生了。

在传统理论和实际运用中，人们把资本市场的爆发视为异常值。它们是特殊情况，是不正常的，所以这些点被排除在模型之外。曼德勃罗认为这是一个很严重的错误。按照他的观点，正是这些不可能的事件，在资本市场的研究中才是最重要的。它比那些没有或者很少有危机事件发生的日子更多地显露出资本市场的真实性。

让我们借助一个特定的日子来说明这种认识的直接教诲：2005 年 4 月 18 日。

防范金融“魔鬼巨浪”

2005 年 4 月 18 日，灾难降临到 292 米长的挪威邮轮“挪威破晓号”。一个七层楼高的巨浪打碎了邮轮玻璃窗，船舱进水，乘客受到轻度的擦伤。其他船就没有这么幸运了，它们都成了这种现象的牺牲品。这就是很长时间里被认为是海外奇谈的魔鬼巨浪。这种巨浪高达 20 ~ 30 米，估计造成了很多远洋巨轮的失踪。很长时间以来，人们认为这种巨浪是一种稀有现象，一万年才出现一次。有的科学家甚至声称它在物理学上是不可能的。可是，在这期间我们知道，魔鬼巨浪不是稀有的，而是真实存在的。

对于轮船和轮船公司来说，认识到这一点很有实际意义。如果魔鬼巨浪是存在的，这意味着我们建造的船只也必须能抗击这种自然界的怪物。我们不仅要使船只能够抵御 10 米巨浪，还必需考虑 30 米的巨浪。魔鬼巨浪能够通过曼德勃罗的思想来得到解释，并且这种魔鬼巨浪的存在是对他的思想的重大意义的一个证明。这种魔鬼巨浪不是一个特有的异常值，而是更经常发生的自然现象。船主就相当于资本市场和当事人，魔鬼巨浪就是曼德勃罗预言的极端的股价偏离。如果这种极端情况比我们认为的出现得更频繁，这意味着**资本市场的当事人不是必须防范股市上常规的股价偏离，而是必须防范资本市场的魔鬼巨浪，防范不可置信的股价灾难。**

对资本市场波动的研究证实了这种观点。道琼斯指数实际的大波动，比人们在正态分布状态下期待的股价大波动出现的频率要高 2 000 倍。如果它真是正态分布的话，像 1987 年道琼斯股价骤跌的现象应该 7 000 年才会出现一次。

这种认识是爆炸性的。如果资本市场的魔鬼巨浪是存在的，如果资本市场的大部分参与者对此置若罔闻，也就是说系统性地低估了资本市场的风险规模，这意味着他们的资产组合对危急情况是没有防备的。如同没有防备魔鬼巨浪的船只一样，他们把自己完全交给了资本市场的汹涌巨浪。如果有人现在想到了银行，想到了摧毁整个银行保障体系的房地产危机，那他就理解了曼德勃罗的思想。

这是资本市场分形几何的第一课。保证你的投资能够抵御魔鬼巨浪，测试你的投资能否经受住这种经济现象。这是一个政治任务。我们必须同保险公司、资产管理公司和银行沟通，讨论它们现实的风险管理是否适合这种思想。如果不适合，请参看房地产危机。

对于私人投资者来说，资本市场的分形几何也有显著的参考价值。在模型世界里，股价波动表现得非常温和，因为它们被平均地分配在了很多年份上。而资本市场的股价波动，包括大波动，通常是集中在少数几天里，由此，资本市场比模型世界更加不可预期和不友好。如果某一天股价疯了似的波动，那么股市在接下来的日子里也动荡的概率就相当高了。

一个简单的场景可以使这种观点变得更清楚。你把资本市场设想成你想横过的街道，汽车则是异常的股价波动。你估计，一辆车刚过一小会儿，不该有车过来，所以你就在这时横过街道。但这是不明智的。

为什么？信号灯、造成交通堵塞的慢行司机以及禁止超车的规划妨碍了汽车均匀地分布在道路上。所以，一辆车之后紧跟着第二辆车的概率相当大。

把股价强烈波动想象成清洁天空的暴雨，认为在此之后的第二天，太阳会重新照耀在交易大厅的上空是一种错误的想法。正如在第一辆车后很可能紧跟第二辆车一样，某一天股价的剧烈波动很可能会在以后的日子延续。我们关于股价波动在时间上是均匀分布的想法是错误的。它们堆积在某些特定的日子，也就是增强的涡流时间。在这期间，股价比正常的波动更剧烈。

这种思考的结论是令人激动的。正确的时机在股市中发挥很大的作用，因为股价的波动不是系统地分配在时间上的，而是堆积而来的。在一段期间内，对股价波动真正非常重要的日子是相当有限的。换句话说，就是你的资产组合中价值成长的大部分是由很少的几天决定的。也就是说，存在很多事件，它们只引起了股价很小的波动，也存在很少事件，它们引起了股价巨大的波动。**在这样一个股市世界里，股价的赢利或者损失不是均匀地分配在不同的年份，而是堆积在少数几天。**所以说，如果错过股市少数精选的日子，对投资者来说是灾难性的。

富达基金公司在其网页上提供了一项很好的服务，即清楚地说明资本市场真正有多么狂野。如果过去 15 年在德国的股票市场投资的话，根据富达的计算，他会得到每年大约 7% 的回报；但如果有人错过了最佳的 10 个股市交易日，那他就只能得到 1.7%；如果有人错过了最佳的 40 天，就会亏损 8% 以上。如果在世界范围内投资，情况也没有变化：如果连续 15 年投资，那么可得到将近 6% 的年回报；如果错过了最佳的 10（40）天，结果就是年回报 2%（-4%）。

人们应该如何来处理这个问题呢？有两种可能的办法：

可能的办法一，你相信自己能够在几百个股市交易日中准确地找出那少数几个你要进行投资或者你必须远离股市的日子。希望你能成功！

可能的办法二，你长期进行投资，由此可以保证你在重要的日子里投资了，尽管代价是你在本该远离股市的那些日子也在场。进行长期投资是解决投资两难选择的最实用的办法。只要你不知道到底是哪几天，即使知道股市的大部分钱只是在很少的几天里挣得的也没有太大的用处。

这是对资本市场的分形快览。我们能从中学到什么？本华·曼德勃罗会向我们建议什么？

用时间打败策略

“我给自己定了生活准则，从不过多谈论政治、宗教、性以及我的资产组合。”本华·曼德勃罗这样回答对他的资产组合的提问。遗憾！但我们还是可以从他的思想中，从这一章的思想中总结出一些经验。那么，什么是真正重要的呢？

第一个建议：了解时间扮演的角色，越早投资越好。因为投资的时间越长，就有越多的时间积攒货币，复利效应就能越久地发挥作用，就能越早地投资于风险大回报高的投资项目。同时，长的时间周期可以保证我们不只是在没有什么事件发生的日子进行投资，在重要日子里也能进行投资。从单纯的多元化思想和曼德勃罗的思想可以知道，如何配置资产组合并不是那么重要，重要的是长期进行投资。时间打败策略，时间就是金钱。

第二个建议：不只是尽早开始，而且要定期地进行储蓄。最好，通过自动控制机制进行储蓄。储蓄计划要求一次性的心理努力，然后会自动运转。如果有人想简单行事，避免以后决策的麻烦，并且想让资产组合，更准确地说是储蓄同他的年龄相适应，他就可以看看生命周期产品或者目标基金。这些产品根据投资者的人生计划来搭配各种各样的投资项目。

在开始阶段，投资者还年轻，有很多时间储蓄，就可以多投股票。随着时间推移，根据目标时期和股市发展，资产被转向低风险的投资如债券和货币市场。这样，投资到期时，挣的钱可以有保障。投入资金的分配自动地与投资者的人生计划相适应。

第三条建议：理智地分析资本市场的风险。经验表明，资本市场的大波动比我们想象的还要频繁。这意味着，不仅要保护我们的投资和资产组合不受常规的股价波动的影响，也要保护它不受资本市场魔鬼巨浪的侵袭。低估资本市场大事件发生频率的风险将导致毁灭。只需看一下最近的金融危机就知道了。

这里的几条建议告诉人们如何对储蓄进行未雨绸缪的规划，以消除资本市场的隐患。然而，我们能防范人类心理方面的陷阱吗？比如说利用心理分析的储蓄银行？

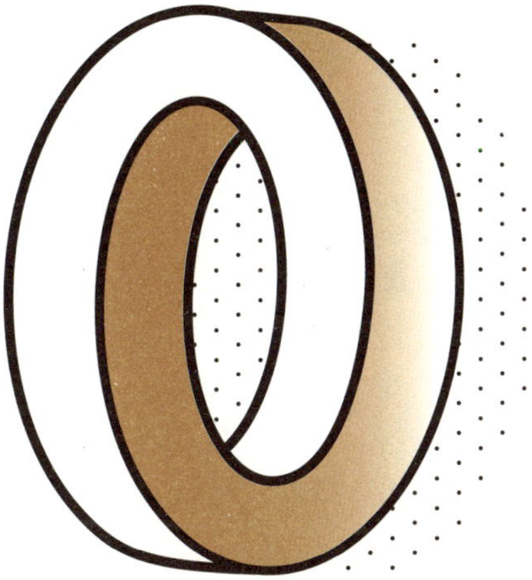

GELD DENKT NICHT

第 11 章　精神市场营销

我们注定会成为资本市场的牺牲品吗？

对于“看守人”型银行客户，应该唤起他的恐惧；对于“美食家”，应该激发他对于享受的幻想；对于“表演者”，应该用“顶级客户”这样的关键词引诱……“精神市场营销”如何让我们乖乖掏出钱包？
如果灰色资本市场的骗子都学过心理学课程，我们该如何防范到处暗藏的心理陷阱？

银行借助心理伎俩欺骗客户？

“理性的客户已经死亡”这种表述不符合消费者权益保护者的胃口，但它是一家市场营销公司的口号。这家公司到处嚷嚷着寻找客户，收获颇丰。刚好有一家储蓄银行，即汉堡储蓄银行投入他们的罗网。借助这家营销公司，汉堡储蓄银行开发了一个名为“感觉”的方案，希望能够通过这个方案来招揽客户。其目标是谈论客户的潜意识，向他们传达诱惑、恐惧和激情。

为了达到这个目的，储蓄银行的客户被分为不同的类型——“看守人”“美食家”“表演者”“冒险者”“宽容者”“守纪者”和“享乐者”，对不同类型的客户进行不同的谈话。对于“美食家”，温柔的词非常重要，以便让幻想和享受发挥作用；对于“看守人”，应该唤起他的恐惧；对于“表演者”，应该用“顶级客户”这样的关键词来引诱。

消费者权益保护者愤怒了，表示这种做法令人恶心。银行“迷惑消费者的大脑”，以影响他们做出违背利益的事。有一本杂志写道：“怀疑：为了借助心理伎俩来欺骗客户，银行会利用客户的档案资料。”真的吗？多么令人吃惊，就如同揭露银行向他的咨询顾问建议利用私人关系来达到业务目的一样轰动。媒体把“感觉”方案称为“精神市场营销”，把它作为激动人心的和新奇的东西呈现给读者。这大概正好与把档案资料中的客户分类作为精神市场营销来兜售的思想相一致。

实际上，精神市场营销这个学科在这期间所做的事情与这些幼稚的游戏是相距甚远的。除此以外，还有一些人嘲笑这类档案资料。他们可以游刃有余地同人类的心理打交道，并且不像储蓄银行的幼稚的咨询顾问那样到处招摇。他们就是灰色资本市场的行家。储蓄银行的咨询顾问只是从幻灯片演示中学会了要用不同的方式与不同的客户交谈。对于灰色资本市场的行家来说，这些储蓄银行的、假冒的精神市场营销顾问都是半瓶子醋。让我们来看一下工作中的行家。

欢迎来到灰色资本市场的世界

销售不是一个适合羞涩者的工作岗位。如果一个销售员没有带来足够的业务，那么就会被主管内部通报，还会被傲慢地把每月给销售员的钱描述为“喂猪”的领导摔电话，甚至叫他滚蛋。如果有销售员完成了足够多的销售任务，那他会被允许去迪拜或者拉斯维加斯旅行。这种企业氛围大都被酒精、烟草、咖啡和可卡因推波助澜。这个行业的优点在于，人们没有偏见。据报道，有的公司将有犯罪前科作为雇佣的标准之一。欢迎来到灰色资本市场的世界。

之所以把这些资本市场称为“灰色”，是因为它们游离于一个灰色地带。灰色资本市场是由那些很少或者根本就不受法律规则约束的投资形式构成的。联邦德国金融服务监管局只检查销售说明书，不检查金融产品本身。这不妨碍这些可疑产品的销售者以此为由来做广告，说它们的产品已经受到联邦德国金融服务监管局审核。

凡是能换钱的，都在这里进行交易：上市前的股票发行、钻石、封闭式基金、债券或者分红权、隐形参股以及银行担保。如果有可能的话，这些公司也会销售月亮上的土地。根据商品检验基金会估计，每年小投资人被骗损失在300亿欧元左右。受害者往往是被这个行业称为“Zahnwälte”（这是一个臆造的词，由德语牙医“Zahnärzte”的前半部和律师“Rechtsanwälte”的后半部组成。——译者注）的人，比如律师、医生和自由职业者。为什么？并不是因为这个职业阶层特别没有抵抗力，而是因为他们都有一些共同点：有一份收入高却繁忙的工作，所以没有很多时间；他们必须自己交养老保险；他们大部分都有比较高的税赋。在灰色资本市场的眼里，这是理想的牺牲品。

骗局通常都是从一个“启动者”开始，这是那个引诱客户的人。这里已经使用了第一个心理学的伎俩，比如，利用潜在受害者对损失的恐惧：“支付多少税？”“不想拿回这些税吗？”高额的税赋被认为是损失。我们已经学过这意味着什么。人们希望不惜一切代价避免损失。所以人们非常愿意倾听推销员耐心的推销。这个推销员会讲述一个貌似有理的故事。我们知道，人们需要故事，以便能够理解和接受一些东西。所有这一切都通过名人得到保证，这些名人或者是作为顾客，或者是作为顾问。在这里，人们利用的是证实谬误。

如果有人上了钩，投了第一笔钱，好戏才真正开始。在启动者之后粉墨登场的是“载入者”。他进一步让客户掏腰包：“现在要进一步扩大到目前为止的赢利。”“正好今天有一个很好的机会，唯一的机会。我们不是提供给所有客户的。”在这里，载入者利用的是我们对完整性和持久性的向往：如果我们已经在这个东西上投了一些钱，那么现在停止投资就是不符合逻辑的。人们心烦意乱，因追求完整性的心理作茧自缚，最终还是继续给钱。

然后，就发生了第一次亏损。现在，还是载入者出场。他敦促人们进一步投资，以补回损失。“这是一个不幸的阶段，但很快就会好转的。”如果现在继续投资了，那么很快，上面的一幕又会重演。

在这里，很多东西归结到了一起：

首先是我们对损失的恐惧。它使我们为了避免损失，愿意在损失的基础上追加投资。

其次是我们对完整性和持久性的渴望。它使我们不去深究已经进行的投资，否则我们就不得不承认犯了错误。所以，我们继续投资，以保持内心平静。

最后是心理账户的影响。我们现在不是关注整体资产，观察资产总体上是如何发展的，而只是盯着一个亏损账户，想尽办法使这个账户重新回到正确的轨道。没有比这更错误的了。

有什么应对的办法吗？第一次接到这种电话就把听筒挂掉。在德国，正规合法的公司不会通过电话来建立联系。这是被禁止的，这是被所谓的“自荐造访”。但是如果你已经上当受骗了，已经投资了，那么回忆歌剧《鲍里斯·戈杜诺夫》会有所帮助：失去的就是失去了。承认犯了错误、上了骗子的当是一件痛苦的事，但总比为了平息自己的内心，花费更多钱继续投资要更有价值。这时，可以用税赋减少来安慰自己，以减轻内心的痛苦。

毫无疑问，灰色资本市场的骗子是学过心理学课程的。对我们来说更重要的是，我们能够从心理学知识中学到什么？我们如何防范到处暗藏着的心理陷阱？我们如何能够理性地进行储蓄？最后一次问这个问题：我们能从中学到什么？

别再让你的钱不经意间被偷走了

如果我们把这本书的每一章在脑子里过一遍，那么就会得到一些简单有效的建议。

想着新港海滩或者奥马哈。这是比尔·格罗斯和沃伦·巴菲特这样著名投资家的所在地。由此可以证明，与股市保持一个健康的距离也可以很好地进行投资。与资本市场发生的事情保持空间和个人关系上的距离不是一个错误，反而可以保护你不受从众病毒的传染。

远离日常业务的喧嚣。不要每天都去看你的仓位，不要每天都去比较股价，不要每天都去阅读刊登有最新热门股市建议的股市报刊。如果一定要一些冒险和神经刺激，那就添置一些投机的资金。你能够用这些资金享受冒险乐趣。这是一个心理账户，你也可以把它变成一个真实的账户，但在思想上和行动上都要清楚地将它同其他资金分开。这样，这些钱亏损了也无妨，因为这不会让你的总资产遭受风险。

带一枚硬币在身边。几年前，有个熟人送给我一枚银币，币值相当于0.5美元。这是一个很大的、引人注目的硬币，最后成了我办公桌上的摆设。看一眼这个硬币，就能使人想起偶然事件的诡计。如果抛几次硬币，把头像和数字出现的次数记下来，那么你很快就会在这个记录中发现模型或者说臆想的规律性。这个实验让人想起，臆想的资本市场模型经常只是假黄金。

所以，如果你又面对或者考虑这类模型，可以多抛几次硬币并记录下结果。这样做很有帮助，它能让人清醒。此外，硬币投掷的结果还能很快向你显示，不太可能的事情（比如连续出现五次头像）也不是不可能发生的，并且比我们偶尔相信的更经常出现。一段时间后，就不再需要记录投币的结果了，只要看一下这个硬币，就会让人想起随机事件的偶然性。

把赌注放在硬币投掷上。硬币也能帮助你回忆起损失厌恶。请回忆一下前文：大部分人拒绝打赌。在这个赌局中，在投掷硬币前下注，如果是头像，得到 10 欧元；如果是数字，付出 10 欧元。只有当在赢利时得到双倍赔付时，也就是说在出现头像时得到 20 欧元，这场赌局对大部分人来说才是可以接受的。你可以偶尔把硬币从口袋中拿出来，想一下这种赌局，就能体会到损失厌恶。

一旦你回忆起人们不喜欢损失，你逃避“不浪费任何东西的谬误”的机会就大大提高了。这可以阻止你错上加错。

你也可以把这类谬误的文件装上相框，挂在墙上，这样会加强你对这种谬误的回忆。你曾经由于某个公司、某项投资遭受了损失，并由于追加购买而使损失状况更加悲惨吗？很好，那你就保存让你回忆起这项投资的文件，裱框挂起。在你考虑是否应该追加购买之前，看一看这个文件。也许，这个练习还有助于你抵御处置效应，也就是倾向于售出赢利的股票、持有亏损的股票这种状况。这也是损失厌恶的一种表现。但在这方面还有一个非常有力的武器：忘掉购入价格并设置一个止损委托。如果你把这些牢记在心，你就已经赢得了对付损失厌恶的重要回合。

想着小纽扣吉姆和假巨人。这出自德国当代极重要的奇幻小说和儿童文学作家米歇尔·恩德的两部作品《小纽扣吉姆与火车司机卢卡斯》和《小纽扣吉姆与十三个海盗》。图图先生是一个假巨人。人们离他越远，他就显得越大。只有当人们在很近处看他时，才能发现他正如正常人般大小。我们在日常生活中遇到的很多小开支和附加成本就类似于假巨人。从近处看，它们很小，也不引人注目，但如果保持必要的距离，我们就会认识到，加总起来，它们会汇成很大的金额。

如果想着图图先生，就能够逃脱推销员的萨拉米策略，他们总是试图为昂贵的主产品推销价格过高的辅助产品。想着图图先生，我们就会认为这不再是无所谓的，而是会积少成多的。更准确地说，从远处来看，比人们估计的要大得多。此外，假巨人的想法也使得我们清楚地认识到，损失只是一个看法问题。另外，我们冒风险的决心也取决于外部环境。在一天要结束时，我们在赛马场孤注一掷，只是为了补救之前的损失。

想着税务局。和你想象的不同，人们并非只有在少挣钱的情况下才能节省税款。当你考虑到损失要发生时，赶快想着税务局。因为这种损失会减少你的税赋。这种想法能帮助你与亏损的投资相分离，而不售出赢利股票。想着税务局能帮助你控制处置效应。

想着绿色草地。绿色草地是新的开始的同义词。让我们从头开始，忘记过去，重新开始。你可以自问：如果我没有拥有这只股票，我会在今天购买它吗？如果回答是“不”，即使现在已经拥有，也没有理由继续持有。你最好选择一块真正的草地。当涉及要持有还是出售什么东西时，就在你的记忆中唤醒它。对绿色草地的推想会减少现存的东西和现状的影响，有助于抵御协和效应。在你仔细检查资产组合之前，坐到你的写字台边，写下来如果你是从零开始，按照你的看法，资产组合应该是什么样的。然后，将这个结果同你实际的资产组合相比较。

不是将比萨饼分成四份，而是分成八份。想着约吉·贝拉。经常问自己，为什么人们总是把比萨饼切成八份，而不是四份。寻找相反的观点和其他可能性。系统性的逆向调整是对抗锚定效应的有效武器。如果分析家、顾问、同事或者自己的心里说，股价目标是 200 欧元，你就必须系统性地考虑，存在什么样的原因会使得股价跌到 20 欧元。在每次购买时，都应该和出售者换位思考。是什么原因让他售出的？这些原因对我来说重要吗？

冷却，给你的钱包一个休息的时间。如果你意外地得到一笔钱，比如税收返还、赠予和奖金等，那么不要立即全都花出去，而是把它在银行账户上至少放上一周。你将发现，首先，这个账户上很快会积攒大量的钱；其次，在这个等待的星期之后，你不再这么轻易地把这些钱花出去了。

原因在于心理账户。如果钱在这个账户上待了几天，你就会倾向于在心理上把它从不加监控的"各种幸运情况"转记到其他账户上，就会更谨慎地对待。你必须忘掉每笔金额的来源，这样可以让你更谨慎地对待它。如果你在这个账户上积累了较多的金额，那就更好了，因为你会更严肃地来同它打交道。做事有条理的人可以有意识地设立一个真正的账户，专门用来管理生活中的"意外之财"。通过这个账户，你可以奖励自己一些奢侈的东西。也许这时你更节约了，但会更多地享受奢侈，因为现在你是有意识地让自己享受奢侈的东西。这是一件美事，只有当人们把它作为奢侈来体验时，奢侈才成为奢侈。

使用一个总分析表。要始终保持对收支的概览当然是困难的，但至少对于投资的收支，你要尝试这么做。你不用为每一个投资对象设立一个心理账户，但必须为总的资产组合状况费些脑子。为此，你可以设立一个总分析表。在这个表里，你可以展示所有的投资及其价值增长，以及如何跟踪风险，也就是股价波动。你还可以特别标出各种投资，比如类型（股票、债券和衍生产品）、行业（汽车和消费品）、国家以及币种。借助一些颜色和图形，它们能为资产组合提供非常好的总体概念，以防止你见了树木忘了森林。

具有革命性。每周都在你的生活中作一些小的改变，偶尔尝试一下新的事物，研究自己旧习惯的形成背景。这可以防止你成为惯性谬误的牺牲品。这个习惯也有助你在资产组合方面摆脱惯性效应。比如，你可以改变日常设备的标准设置。

也许，你还可以干脆从某个说明书中挑出某个有趣的内容，把它贴在你经常思考投资问题的地方。这样，它就可以以轻松的方式提醒你，存在被动决策的危险。要经常想，从长期来看，人们后悔的常常是没有做的事。

考虑机会成本。取一个参照利率，最好是没有风险的活期存款的利率，然后，在每次投资时都测算一下，如果出售投资产品，把收入以相应的利率存入活期账户的话，你能获得多少利息收入。当你决定什么都不做时，就要把机会成本摆到眼前，你就会知道拖延的代价。

再一次：投掷一枚硬币。每当你觉得自己很聪明，每当你相信自己能发现最好的投资、能够战胜市场、能够知道未来是如何发展的时候，你就抛一个硬币，并尝试着预测是头像还是数字。做几次这种练习，你很快就会认识到，你是做不到这些的。这让你想起过度乐观的风险，让你现实地估计自己的能力。

做一个投资日记。在每次决策前都记下来，你为什么会作出这个决定，你给自己许诺了什么。同时，也记录下赞同和反对这个决定的论据，你是怎样评估和权衡这些论据的。尽可能准确和详细地论证你的决定。这个日记首先会强迫你系统地思考你的投资决策，其次让你能够诚实地来反馈你作为分析家、预测家和股市行家的能力。只有白纸黑字读到自己当时相信的东西，事后也就不会自欺欺人地说“我早就知道这一点了”。

表示反对意见。为了避免证实谬误，你应该在做所有事情时都提出一个简单的问题：对我想做的事情有什么反对意见吗？没有什么比一个对所有事情都提出问题的人更烦人的了，但这是唯一的办法，可以避免你只是想证明已经形成的看法。以前，在把重要的文章交付印刷前，我总是请我的一个同事对这些文章进行吹毛求疵的评判。这是很烦人的、令人不快的，但也是特别有价值的。

有意识地寻找那些反对你的人，尝试着认真地对待批评，这有时能让你节约很多钱。一个好的朋友也会愿意向你说出令人不愉快的事实。随声附和、谄媚奉承的人只会让你付出金钱的代价。

给你的账户起名。想着达斯汀·霍夫曼。通过把你的各项储蓄记入一个特殊的账户，可以增强你的储蓄愿望。人们是不会轻易地动用教育账户、汽车储蓄账户和养老金账户的，这会提高你的储蓄自律性。当然，其缺点就是，即使有钱在储蓄账户上躺着，你也会支付高额的透支利息，但有所得总会有所失。

保障自己能抵御魔鬼巨浪。过去的岁月很清楚地表明，资本市场上存在魔鬼巨浪而且它比我们愿意承认的更经常发生。通过充分的分散投资来使你的资产组合以及养老保险都能抵御风雨。考虑好你能承受多大风险，在你的船只毁灭之前，准确地说是在你的神经崩溃之前，允许资本市场有多高的风浪。然后，在那里，通过自动的止损委托扯开救命绳索。

使用自动驾驶仪。止损委托就是这样一种自动驾驶仪：一次性确定你能够承受什么，将这作为止损标记。如果达到这个标记，股票就会被自动卖出，没有什么意外和拖延。 在养老保险的决策方面，自动驾驶仪也能发挥一个重要的作用：作一次储蓄决定，然后让它自动运行即可。哪怕只是一笔小小的金额，如果有足够长的时间运用自动驾驶仪，也会变成大钱。它特别有利于长期约定。

时间是你的朋友。你越早开始储蓄，储蓄的金额就越多，复利效应就越能帮助你，你就可以越多地投资于高回报高风险的类型。因为你有足够的时间来坐等较大的股价波动自行结束。同时，长的储蓄期限不仅能够让你在没有什么事情发生的日子里进行投资，而且也能在重要的日子里进行投资。如果你坚信，你能够找到少数应该远离股市的日子或者应该进行投资的日子，那么请参见上述建议：投掷一枚硬币。